I0073378

(Conserv. la couverture)

N° F
9374.

LOI

détaillée et expliquée

DU

28 AVRIL 181

SUR LES BIÈRES

suivi du

DÉCRET DU 18 SEPTEMBRE 1880

SUR LES GLUCOSES

destinées à leur Fabrication

Imprimerie BOUCHER Frères
PARIS

Au moment où cette année com-

mence, j'appelle toute l'attention de

Messieurs les Brasseurs sur les notes

techniques et pratiques que contient

mon calendrier de 1894. Ce sera

pour moi un plaisir de l'adresser à

très gracieux et par courrier à ceux

clients ou non de ma maison

raient pas encore reçu et vou-

a bien m'en faire la demande.

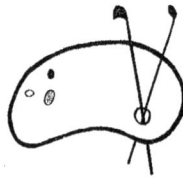

LOI

détaillée et expliquée

DU

28 AVRIL 1816

SUR LES BIÈRES

SUIVI DU

DÉCRET DU 18 SEPTEMBRE 1880

SUR LES GLUCOSES

destinées à leur Fabrication

79 709

8°F
937/4

PAR

Julien BOURIGEAUD

LILLE (Saint-Maurice)

LABORATOIRE
DE
CHIMIE

GRATUITEMENT

à la disposition
de MM. les brasseurs
clients ou non clients
de ma maison

POUR L'ANALYSE QUANTITATIVE DES EAUX

Malts, Houblons et tous produits

dont la composition peut les intéresser

MON LABORATOIRE

est placé sous le HAUT CONTROLE
DE
LA STATION AGRONOMIQUE DU NORD

AVANT-PROPOS

～～～～～

Il y a plusieurs années, j'ai préconisé le premier la loi Belge pour la Brasserie Française.

Cette loi au volume-densité comme on dit en Belgique ou au degré-hectolitre comme on dit en France va enfin être appliquée. Le texte ci-contre *(Voir Page 63)* du projet de loi au degré-hectolitre est tout uniment la loi Belge, à part la déclaration du poids de mouture qui est supprimée.

Toutefois, cette loi sera facultative au début pour la Brasserie.

Il en a été ainsi en Belgique quand en 1885, on changea la loi sur la Brasserie et encore aujourd'hui, 9 ans après, il existe des Brasseurs en Belgique qui préfèrent le régime de l'ancienne loi. Il est vrai qu'ils sont peu nombreux. D'autre part, quand en France, on changea la loi sur la Sucrerie, on donna aux Fabricants le temps nécessaire pour faire les transformations qui s'imposaient.

Le brasseur Français aura donc intérêt pendant quelque temps encore à ne pas être perdu dans ce labyrinthe qu'on nomme la loi de 1816.

Il trouvera dans le petit recueil qui suit, toutes les indications qui pourraient lui être nécessaires.

Je me tiens en outre à la disposition de tous les brasseurs pour les renseigner sur les points particuliers pouvant les intéresser.

Julien BOURIGEAUD.

LOI DU 28 AVRIL 1816

CONTRIBUTIONS INDIRECTES

CHAPITRE V

DES BRASSERIES

ART. 107

Il sera perçu à la fabrication des bières, un droit de deux francs par hectolitre de bière forte, et de cinquante centimes par hectolitre de petite bière.

Ce dernier droit sera de 75 centimes, lorsqu'il sera constaté par un arrêt du préfet pour chaque arrondissement, et sur l'avis du sous-préfet, qui prendra celui des maires, que l'hectolitre se vend 5 francs et au-dessus.

Art. 108

Il n'y aura lieu à faire l'application de la taxe sur la petite bière que lorsqu'il aura été fabriqué plusieurs brassins avec la même drèche ; et cette exception ne sera appliquée qu'au dernier brassin, pourvu d'ailleurs qu'il ne soit entré dans sa fabrication aucune portion des matières résultant des trempes données pour les premiers, qu'il n'ait été fait aucune addition ni remplacement de drèche, et que la chaudière où il aura été fabriqué n'excède, en contenance, aucune de celles qui auront servi pour ces brassins ; faute de quoi tous les brassins seront réputés de bière forte et imposés comme tels.

Loi du 25 Mars 1817

Art. 86. — Le droit de la fabrication des bières, établi par l'article 107 de la loi du 28 Avril 1816, est porté à trois francs par hectolitre de bière forte, et à cinquante centimes par hectolitre de petite bière.

Ce dernier droit sera de soixante-quinze centimes, dans le cas où la petite bière se vendrait cinq francs et au-dessus.

Loi du 1er Mai 1822

Art. 8. — Il continuera d'être perçu à la fabrication des bières un droit de trois francs par hectolitre de bière forte, et il n'y aura plus pour la petite bière qu'un droit unique qui est fixé à soixante-quinze centimes.

Il ne pourra être fait application de la taxe sur la petite bière que lorsqu'il aura été préalablement fabriqué un brassin de bière forte avec la même drêche, et pourvu d'ailleurs que cette drêche ait subi, pour le premier brassin, au moins deux trempes : qu'il ne soit entré dans le second brassin aucune portion des métiers résultant des trempes données pour le premier ; qu'il n'ait été fait aucune addition ni aucun remplacement de drêche et que le second brassin n'excède point, en contenance, le brassin de bière forte.

S'il était fabriqué plus de deux brassins avec la même drêche, le dernier seulement sera considéré comme petite bière.

Indépendamment des obligations imposées par l'article 120 de la loi du 28 Avril 1816, les brasseurs indiqueront, dans leurs déclarations, l'heure à laquelle les trempes de chaque brassin devront être données.

A défaut d'accomplissement des conditions ci-dessus, tout brassin sera réputé de bière forte et imposé comme tel.

D'après les dispositions qui précèdent, les articles 107 et 108 de la loi du 28 Avril 1816 et 86 de la loi du 25 Mars 1817 sont abrogés.

Le tarif annexé à la loi du 12 Décembre 1830, fixe le droit à deux francs quarante centimes pour la bière forte et à soixante centimes pour la petite bière. Aujourd'hui le droit sur la bière forte est de 3 fr. 75 centimes et sur la petite bière de 1 fr. 25 centimes l'hectolitre.

PETITE BIÈRE

La régie doit tenir fortement à l'accomplissement de ces conditions sans lesquelles les brasseurs parviendraient facilement à soustraire au droit de 3 fr. des bières fortes qu'ils présenteraient comme petites bières : l'exercice doit donc être dirigé de manière à empêcher cette manœuvre, et il sera d'autant plus aisé d'y parvenir, que la loi impose aux brasseurs l'obligation de déclarer l'heure à laquelle les trempes de chaque brassin seront données. Cette obligation est regardée comme très importante. Il est recommandé aux receveurs buralistes d'insérer soigneusement cette indication dans les déclarations des brasseurs, et aux employés de mettre beaucoup d'exactitude à vérifier l'accomplissement de cette formalité dans les brasseries. Les mêmes soins doivent être mis à empêcher que, dans le second brassin, on ne fasse entrer une portion quelconque des matières résultant des trempes données pour le premier et qu'il ne soit fait aucune addition ni remplacement de drèche. Toute contravention aux dispositions de la loi devra être constatée par procès-verbal et punie suivant la gravité des cas C n° 56 du 11 Mai 1822.

Il n'y a obligation de déclarer l'heure des trempes, en exécution du § 4 de l'article 8 de la loi du 1er mai 1822, que lorsqu'il est fabriqué plusieurs brassins avec la même drèche. A. C. du 18 Juin 1836.

Le règlement qui impose au brasseur l'obligation de rentrer sa réserve de bière forte avant de donner la trempe de petite bière, est obligatoire, et l'infraction à ce règlement est une contravention à la loi A. C. du 5 Novembre 1836.

Un brasseur qui n'a qu'une seule chaudière peut-être admis à ne payer que la taxe imposée sur la petite bière, pour son dernier brassin D du cons. d'admi n° 52 du 24 Juillet 1846.

Il y a des circonstances de fait qui sont exclusives de la fabrication de la petite bière. Tels sont l'état de la fermentation et la présence de la dissolution du houblon A. C. du 29 Mai 1857.

La fabrication du brassin de bière forte ne peut-être considérée comme achevée tant que les réserves de métiers destinés à alimenter la chaudière de cuite n'y sont pas entrées tout entières. Arrêt de la cour d'Amiens du 12 Décembre 1844.

ART. 109

Le produit des trempes données pour un brassin ne pourra excéder de plus du vingtième la contenance de la chaudière déclarée pour sa fabrication : la régie des contributions indirectes est autorisée à régler, suivant les circonstances, l'emploi de cet excédent, de manière qu'il ne puisse en résulter aucun abus.

Décret du 17 Mars 1852

ART. 23. — Le produit des trempes données pour un brassin pourra excéder de vingt pour cent (20 p. °₀) la contenance de la chaudière déclarée pour la fabrication du brassin. La régie des contributions indirectes est autorisée à régler, en raison des procédés de fabrication et de la durée ou de la violence de l'ébullition : le moment auquel le produit des trempes devra être rentré dans la chaudière.

ART. 110

La quantité de bière passible du droit sera évaluée, qu'elles qu'en soient l'espèce et la qualité, en comptant pour chaque brassin la contenance de la chaudière, lors même qu'elle ne serait pas entièrement pleine. Il sera seulement déduit sur cette contenance 20 p. °₀ pour tenir lieu de tous déchets de fabrication, d'ouillages, de coulages et autres accidents.

En cas de coulage, de détérioration d'un brassin, la décharge du droit peut être autorisée par l'Administration, lorsque l'accident est avéré et a pu être matériellement constaté par le service ; mais, après l'entonnement, toute tolérance devient impossible.

Pour les bières fabriquées sans substances céréales, la déduction peut être portée, vu la différence des procédés de fabrication, au taux reconnu nécessaire, suivant les localités, par des expériences dont les résultats sont constatés par un employé supérieur. Les

Directeurs prennent les ordres de l'Administration à ce sujet. D du conseil d'Administration N° 285 du 29 Janvier 1817.

Loi du 23 Juillet 1820

ART. 4. — Le droit de fabrication sera restitué sur les bières qui seront expédiées à l'étranger ou pour les colonies françaises.

ART. 111

Les employés de la régie sont autorisés à vérifier dans les bacs et cuves, ou à l'entonnement, le produit de la fabrication de chaque brassin.

Tout excédent à la contenance brute de la chaudière sera saisi. Un excédent de plus du dixième supposera en outre la fabrication d'un brassin non déclaré et le droit sera perçu en conséquence, indépendamment de l'amende encourue.

Tout excédent à la quantité déclarée imposable par l'article 110 sera soumis au droit, quand il sera de plus du dixième de cette quantité, soit qu'on le constate sur les bacs ou à l'entonnement.

Il y a décharge partielle ou fabrication illicite toutes les fois qu'il est trouvé dans une brasserie ou dans ses dépendances, au moment de la confection d'un brassin, une quantité quelconque de bière non déclarée et dont l'état ne permet pas de penser que ce liquide provienne d'une fabrication antérieure A. C. du 20 Mai 1826.

Procès-verbal doit être dressé en cas de décharge partielle d'un brassin en ébullition. A. C. du 4 Juin 1830.

Les employés ne doivent jamais, au moment de l'ébullition, se dispenser de vérifier les bacs et la cuve guilloire. C'est alors que se commettent les décharges partielles, en enlevant de la chaudière, pour les soustraire à l'impôt, des quantités de bière qui sont ensuite remplacées par les excédents de métiers qu'on a pu se ménager frauduleusement.

Toute soustraction de liquide faite dans la chaudière de décoction constitue une décharge partielle.

ART. 112

L'entonnement de la bière ne pourra avoir lieu que le jour.

ART. 113

Il ne pourra être fait d'un même brassin qu'une seule espèce de bière. Elle sera retirée de la chaudière et mise aux bacs refroidissoirs sans interruption ; les décharges partielles sont par conséquent défendues.

ART. 114

La petite bière fabriquée sans ébullition, sur des mares qui auront déjà servi à la fabrication de tous les brassins déclarés, sera exempte de tout droit, pourvu qu'elle ne soit que le produit d'eau froide versée dans la cuve-matière sur ces mares, qu'elle ne soit fabriquée que le jour, qu'elle n'excède pas en quantité le huitième des bières assujetties au droit pour un des brassins précédents, et qu'en sortant de la cuve-matière elle soit livrée de suite à la consommation, sans être mélangée d'aucune autre espèce de bière.

A défaut d'une de ces conditions, toute la petite bière fabriquée sera soumise au droit, indépendamment des peines encourues pour fausse déclaration s'il y a lieu.

TRIBUNAL CORRECTIONNEL DE LA SEINE

Audience du 10 Mars 1893

Attendu que, d'un procès-verbal régulier, dressé le 20 Janvier 1881, par les agents des contributions indirectes, enregistré, il résulte qu'après déclaration faite le 19 du même mois et constatation conforme, à huit heures du matin, de 18 hectolitres de bière, ils ont, le même jour à onze heures du matin découvert dans la Brasserie du sieur F....... une quantité de 52 hectolitres de bière.

Qu'aux termes de l'article 111 de la loi du 28 Avril 1816, tout excédent de plus d'un dixième sur la quantité de bière déclarée, suppose la fabrication d'un brassin non déclaré ;

Mais attendu que F....... prétend que l'excédent, chez lui constaté, provient non d'une fabrication nouvelle, d'un coupage opéré avec les 18 hectolitres de bière déclarée, alors que cette bière était déjà froide, avec de l'eau froide et la bière ancienne ;

Attendu que l'entonnement de la bière est indiqué par la loi comme le terme de sa fabrication ; mais attendu que, par suite des progrès dans la fabrication de la bière et des modifications survenues dans les habitudes de la consommation, l'entonnement n'a réellement plus lieu, et que le dépôt de la bière dans les cuves dites guilloires est accepté par l'administration comme la dernière opération équivalent à l'entonnement, pourvu que pendant un intervalle d'une heure au moins, les produits de chaque brassin y soient maintenus intégralement et distinctement ;

Attendu, dans l'espèce que l'administration ne fait pas la preuve que le coupage allégué ait été opéré avant l'expiration de cet intervalle d'une heure au moins ; qu'il résulte au contraire, du procès-verbal, que c'est seulement trois heures après leur première constatation dans les cuves guilloires que les employés ont reconnu la présence de l'excédent reproché à M. F......;

Que les bières ne se trouvaient plus, lors de la seconde vérification, dans les cuves guilloires ou appareils servant à la fabrication, et qu'on les avait fait passer dans d'autres cuves absolument distinctes desdits appareils de fabrication, et qu'il y avait eu là une opération équivalent amplement à l'entonnement véritable.

Que, du reste, l'Administration a, elle même, reconnu que l'entonnement fictif avait eu lieu, en disant dans ses conclusions en date du 1ᵉʳ Juin 1881 : « Attendu, en définitive, que la contestation peut se résumer dans cette question : M. F......, a-t-il le droit de couper son brassin, après déclaration et entonnement avec de l'eau ?

Attendu que, si, par des conclusions dernières produites, *in extremis*, et sans date, la Régie soutient que l'entonnement n'avait pas eu lieu dans le sens légal et grammatical du mot, le tribunal doit d'autant moins s'arrêter à ce système nouveau que les circonstances relevées par le procès-verbal établissent qu'il n'y avait pas eu de fabrication d'un nouveau brassin.

Que la température des bières trouvées en excédent, loin d'être élevées, comme elle l'aurait été nécessairement, s'il y avait eu moins de trois heures une fabrication nouvelle et non un simple mélange à froid, était égale à la température ambiante et ne dépassait pas 11 degrés au-dessus de zéro.

Julien BOURGEAUD — LILLE

Qu'à la vérité, un ouvrier de F....... a déclaré que la bière avait 6 degrés alcooliques, mais que cette déclaration, acceptée sans contrôle par les employés, est le résultat d'une erreur évidente, que d'ailleurs, elle n'émane pas de F....... lui-même, et ne peut lui être opposée, pas plus que les appréciations et suppositions plus ou moins vraisemblables que les employés ont jointes à leurs constatations matérielles,

Qu'il n'y a pas à s'arrêter davantage à la constatation faite par les employés d'un commencement de fermentation qui aurait eu lieu après le mélange d'eau dans plusieurs des cuves, cette fermentation ne pouvant exclure l'idée d'une fabrication terminée.

Attendu en définitive qu'il apparaît clairement pour le tribunal que la question avait été exactement posée par la Régie dans ses premières conclusions. En réalité F...... n'a fait que couper avec de l'eau froide son brassin, après déclaration et entonnement.

En droit cela est permis.

Attendu que l'impôt sur la bière n'est qu'un impôt de fabrication, d'où il suit que, la fabrication terminée, l'administration n'a plus aucun droit ; que rien, dans la loi, ne s'oppose au coupage avec de l'eau froide, d'une bière qui a payé son impôt que la petite bière fabriquée à chaud est soumise à un droit particulier, aux termes de l'article 8 de la loi du 1er Mai 1822, parce que c'est une valeur nouvelle créée distincte de la bière forte ;

Que l'administration arguerait en vain de la dernière disposition de l'article 114 de la loi du 28 Avril 1816, qui ne s'applique qu'aux cas prévus par cet article, celui de la fabrication d'une petite bière avec des marcs dans la cuve matière, c'est-à-dire encore d'une création nouvelle, et qui cependant est, en général, affranchie de l'impôt ;

Attendu, enfin, qu'on ne saurait voir, dans une simple addition d'eau à la bière, une fabrication nouvelle, les éléments essentiels comme le mode de la fabrication faisant défaut ; qu'autrement on arriverait logiquement à des conséquences impossibles, le tiers débitant ou simple particulier qui, dans sa demeure, ferait subir à de la bière un coupage avec de l'eau serait considéré comme brasseur soumis à l'exercice et à l'impôt.

Par ces motifs :

Renvoie le prévenu des fins de la prévention et condamne l'Administration des Contributions Indirectes aux dépens.

Ainsi, dans l'état actuel de la jurisprudence, les allongements de brassins sont parfaitement licites lorsqu'ils sont effectués simplement avec de l'eau. Pour éluder une grande partie de l'impôt, il suffit donc de préparer des moûts très concentrés que l'on dédoublera avec de l'eau après que le service aura constaté et imposé le volume du brassin.

Le système d'impôt à la densité proposé par le gouvernement, et auquel la majorité des brasseurs a fait un accueil très favorable, sera un obstacle à cet abus, puisque les bières acquitteront un droit d'autant plus élevé que les moûts auront été plus concentrés. Mais cela ne suffira pas pour couper court aux dédoublements. Ce n'est pas, en effet, avec de l'eau pure comme le permet la jurisprudence, qu'on allonge, dans la plupart des cas, le produit des brassins ; c'est avec de l'eau additionnée d'une forte proportion de glucose, ce qui permet un allongement pour ainsi dire indéfini. La détention de ces glucoses dans la brasserie n'a absolument rien d'illicite, et le service n'a pas à en suivre l'emploi, car il ne s'agit pas ici de glucoses destinées à être employées en franchise, mais de glucoses libérées ne devant plus rien à l'impôt. Il est vrai que, si le brasseur était surpris en train de procéder à des allongements de ce genre, il ne pourrait pas invoquer le bénéfice du jugement précité qui ne vise que les coupages à l'eau, mais il a soin d'opérer la nuit, et le service se trouve dans l'impossibilité de constater la fraude.

Dans les campagnes, l'abaissement du droit de fabrication à 0 fr. 40 c. par degré, ce qui fait à peu près 1 fr. 50 par hectolitre, suffira peut-être, en raison du prix assez élevé des glucoses et des droits dont elles sont passibles pour enlever tout intérêt aux dédoublements avec adjonction de ces produits.

Mais il n'en sera pas de même dans les villes où il y a des droits d'octroi et surtout à Paris où ces droits s'élèvent à 15 fr. par hectolitre.

Une élévation, même considérable, de l'impôt sur les glucoses ne serait qu'un palliatif insuffisant. Dans le projet qui est devenu la loi du 5 août 1890, le Gouvernement avait proposé de porter ce droit de 12 à 16 fr. par 100 kil. ; et les fraudes commises en matière de brasseries étaient l'un des motifs invoqués à l'appui de cette proposition ; mais les chambres n'ont voté qu'un relèvement insignifiant 13 fr. 50, et le taux de 16 fr. même n'eût pas suffi pour mettre un terme aux abus. Journal des Contributions indirectes **26 JUILLET 1891.**

TRAITEMENT DES BIÈRES DÉTÉRIORÉES

Quelques bières s'altèrent. l'Administration permet sous certaines conditions de les repasser sur les houblons. Conformément aux dispositions de l'article 114 de la loi de 1816, les quantités jetées sur les houblons hors la présence des employés ne doivent pas excéder le huitième de la contenance nette de la chaudière de décoction du dernier brassin, et les bières ainsi repassées ne doivent pas être mélangées avec d'autres bières.

Toute remise en fabrication doit être l'objet d'une déclaration faite assez à l'avance pour que les employés de la régie se trouvent en mesure d'aller reconnaître les bières et d'interdire l'opération, quand il paraît évident que l'altération des boissons doit être attribuée à des manœuvres de fraude, à des mélanges ou à des coupages de bières ordinaires de diverses qualités. Cette garantie d'une déclaration préalable ne doit être abandonnée sous aucun prétexte.

Cependant il ne faut pas que les brasseurs soient dans tous les cas astreints à ne faire, soit aux bacs, soit à la cuve, qu'un simple versement de bière altérée sur du houblon épuisé et à ne repasser d'ailleurs ainsi à la fois qu'une quantité égale au huitième des brassins nouvellement déclarés. Ces restrictions ne concernent que les opérations faites hors la présence des employés.

S'il est impossible aux employés de se rendre sur les lieux, les brasseurs doivent être autorisés à repasser en toute quantité sur des drèches ou sur du houblon provenant d'un brassin récemment fabriqué les bières de mauvais goût qui ont réellement supporté l'impôt. On doit aussi permettre qu'ils les remettent momentanément en ébullition avec ou sans addition de houblon nouveau, et même qu'ils les réunissent aux bacs ou dans la cuve guilloire à des brassins en cours de fabrication qui auront été préalablement vérifiés et soumis aux droits, d'après les dispositions combinées des art. 110 et 111 de la loi de 1816. Toutefois, il ne suffit pas que de telles opérations soient relatées, comme les simples repassages sur le houblon, dans les déclarations de mise de feu ordinaires. Une déclaration spéciale est, au contraire, indispensable, et le buraliste ne doit l'inscrire au registre n° 19 que sur l'autorisation du chef de service de la division, lequel fixe le moment auquel les remises en fabrication pourront avoir lieu.

Autant que possible, le chef de service doit assister à ces opérations.

PASTEURISATION

La loi de 1816 n'a pu réglementer les conditions dans lesquelles se ferait la Pasteurisation qui fut découverte et publiée par M. PASTEUR en 1876.

Comme le dit M. DECHAUD, rien n'oblige les brasseurs à suivre des procédés de fabrication déterminés.

Ces industriels sont libres d'adopter les méthodes qui leur paraissent les plus avantageuses, en un mot le service contrôle le travail mais il ne le dirige pas.

Il suffit donc de prévenir le service par une déclaration régulière que l'on versera des bières malades ou des rames en chaudières pour les chauffer à 70° cent. pendant deux heures. Après quoi on refroidira ces bières, on les réensemencera de bonne levure et on les entonnera.

Dans ces conditions toute intention de fraude est écartée et le brasseur peut récupérer des sommes qui sans la pasteurisation sont perdues.

Julien BOURGEAUD — LILLE

Art. 115

Les bières destinées à être converties en vinaigre sont assujetties aux mêmes droits de fabrication que les autres bières.

Les quantités passibles du droit seront évaluées, lorsque ces bières auront été fabriquées par infusion, en comptant pour chaque brassin la contenance de la cuve dans laquelle le produit des trempes aura dû être réuni pour fermenter, lors même qu'elle ne serait pas entièrement pleine.

Il sera déduit sur la contenance de la chaudière ou de la cuve, quelles que soient les quantités fabriquées, pourvu qu'elles n'excèdent point la contenance des vaisseaux, 20 p. % pour tous déchets de fabrication, d'ouillage, de coulage, d'évaporation et autres accidents.

En cas d'excédent à la contenance de la chaudière ou de la cuve, il sera fait application des peines établies par l'article 111 pour les autres bières.

Art. 6 de la loi du 17 Juillet 1875

Les bières prises en charge et transformées en vinaigres dans les fabriques seront affranchies des droits dont elles pourraient être passibles au profit du Trésor.

L'article 17 dispose que le bénéfice de l'immunité concédée par l'article 6 de la loi du 17 Juillet 1875, en ce qui concerne les bières destinées à être transformées en vinaigre, est subordonné à la condition que ces bières soient en vertu de déclarations spéciales, exclusivement préparées pour cette destination : qu'elles ne soient point houblonnées ; qu'elles soient entonnées et emmagasinées distinctement et qu'elles soient prises en charge, chez le brasseur, à un compte particulier qui sera successivement déchargé des quantités expédiées aux vinaigreries sous le lien d'acquit-à-caution.

Les manquants constatés à ce même compte sont passibles de la taxe afférente à la bière forte.

Aucune demande de dégrèvement ou de remboursement de droit ne sera admise pour des bières introduites dans les vinaigreries en dehors des conditions déterminées par l'article 47 du règlement.

Pour l'application de ces dispositions, un compte spécial sera ouvert au portatif 58 chez les brasseurs qui déclareront vouloir fabriquer de la bière pour être livrée aux vinaigriers ; les acquits-à-caution qui leur seront délivrés pour l'expédition desdites bières devront porter la mention de cette destination spéciale. Ces acquits seront déchargés purement et simplement après prise en charge de la bière au compte du vinaigrier TRESCAZE.

ART. 116

Il ne pourra être fait usage, pour la fabrication de la bière, que de chaudières de six hectolitres et au-dessus.

Il est défendu de se servir de chaudières qui ne seraient pas fixées à demeure et maçonnées.

Les brasseries ambulantes sont interdites, et néanmoins la régie pourra les permettre suivant les localités.

ART. 117

Les brasseurs seront tenus de faire au bureau de la régie la déclaration de leur profession et du lieu où seront situés leurs établissements : ils seront, en outre, obligés à déclarer par écrit la contenance de leurs chaudières, cuves et bacs avant de s'en servir ; ils fourniront l'eau et les ouvriers nécessaires pour vérifier par l'empotement de ces vaisseaux les contenances déclarées ; cette opération sera dirigée en leur présence par des employés de la régie et il en sera dressé procès-verbal.

Chaque vaisseau portera un numéro et l'indication de sa contenance en hectolitres.

ÉPALEMENT

L'exercice du droit attribué par l'art. 117 de la loi du 28 Avril 1816 aux employés de la régie des contributions indirectes, de vérifier par l'empotement la contenance des chaudières, cuves et bacs déclarée par les brasseurs, ne peut être empêché par aucun obstacle du fait de ces brasseurs ; ceux-ci doivent toujours être prêts, par eux-mêmes ou par leurs préposés, à fournir l'eau et les ouvriers nécessaires, et à déférer aux réquisitions des employés. Loi du 23 Avril 1836.

Les brasseurs avaient inféré de la loi de 1816 que leur présence était rigoureusement nécessaire et que les employés ne pouvaient pas procéder à cette opération en leur absence, mais la jurisprudence avait établi qu'il y aurait refus d'exercice si les agents des brasseurs, sous prétexte de l'absence du maître, refusaient de mettre à la disposition des employés l'eau et les ouvriers nécessaires, et le texte de la loi de 1836 a mis fin à toute contestation ; C n° 126 du 16 Mai 1836.

Les hausses fixes sont comprises dans l'épalement. Art. 123 de la loi du 28 Avril 1816.

Par épalement, on entend le jaugeage des vaisseaux employés dans les brasseries. La marche à suivre est indiquée par la C n° 20 du 17 Septembre 1810, l'Inst. n° 9 bis du 18 Septembre 1811, la C n° 116 du 28 Novembre 1835 et l'Instruction imprimée en tête du registre n° 57.

Il est un moyen simple et facile de ne procéder à un réépalement qu'avec la certitude que la contenance de la chaudière a été réellement augmentée. Il consiste à prendre aussitôt après l'épalement, la mesure exacte de la chaudière, depuis le fond jusqu'à l'extrémité supérieure ainsi que sa longueur dans son plus grand diamètre. Pour connaître ces deux dimensions, il suffit de plonger dans la chaudière le manche d'un de ces ustensiles qui servent à brasser la farine dans la cuve matière, et de le marquer au point précis de la plus haute élévation ; on l'étend ensuite horizontalement dans le milieu de la circonférence supérieure, et l'on marque également le point de la plus grande largeur. On mesure ensuite l'étendue de cet instrument, jusqu'aux deux points qui indiquent la largeur et la profondeur de la chaudière, et l'on tient note de ces deux dimensions à la marge du procès-verbal d'épalement, ainsi que sur le portatif. Ainsi, en supposant que l'on ait trouvé que la plus grande hauteur est de deux mètres quatre décimètres, et la plus grande largeur de trois mètres un décimètre, lorsqu'on voudra s'assurer si la contenance d'une chaudière n'a pas été secrètement augmentée, il suffira de marquer, sur un long bâton, les mesures anciennement reconnues ; de recommencer l'opération que nous venons de décrire, et de voir si les nouvelles mesures s'accordent avec les anciennes. La différence qui existerait entre elles prouverait infailliblement que la contenance a été changée, et l'on procéderait au réépalement, sans craindre d'entreprendre un travail inutile. C n° 15 du 14 Décembre 1808.

La question s'est élevée de savoir si on pouvait contraindre un brasseur à souffrir le réépalement de ces chaudières lorsqu'on a des raisons de croire que cette opération est réellement nécessaire. Nous reproduisons ci-après un extrait de la réponse faite par l'Administration au directeur du Nord le 3 Novembre 1825 :

Il suit du droit de vérifier, que ce droit peut-être exercé plusieurs fois et qu'il n'a pas été épuisé par le premier exercice qu'on en a fait, ou, en d'autres termes, que l'épalement peut-être recommencé toutes les fois que cela convient aux deux parties intéressées ou seulement à l'une d'elles.

Ensuite, d'après l'article 125 de la loi, les brasseurs sont soumis aux visites et vérifications des employés.

La loi n'ayant pas spécifié quelles sont les vérifications autorisées, on peut encore soutenir que les employés de la régie ont le droit de **vérifier** la contenance des chaudières épalées : et comme cette vérification n'a pour but que la perception, et que la base de la perception est la contenance reconnue par l'empotement, il s'ensuit encore que l'on peut recommencer l'empotement, c'est-à-dire renouveler l'épalement.

Ainsi le droit de renouveler les épalements est certain.

Mais il n'en faut user qu'avec discrétion. Il faut se garder d'interrompre sans nécessité la fabrication. Il faut choisir s'il est possible, les moments de chômage de la brasserie : éviter, enfin, tout ce qui peut donner lieu à des plaintes fondées.

Si, malgré toutes ces précautions, un brasseur se refuse à un réépalement qu'on est en droit d'exiger, et dans un cas où il est raisonnable de le demander, on peut sans hésiter, rapporter procès-verbal de contravention à l'article 125 de la loi du 28 Avril 1816.

Par suite de réparations, accidents ou autres causes, les bacs et cuves sont sujets à des variations de nature à modifier presque toujours la base de l'impôt. Lettre de l'Administration au directeur de Tarbes du 5 Octobre 1860.

Ces variations doivent-être constatées dans l'intérêt des contribuables non moins que dans celui du Trésor.

Aussi l'Administration recommande de procéder au moins tous les cinq ans d'une manière complète, au réépalement métrique et à l'empotement des vaisseaux. (TRESCAZE).

Art. 118

Il est défendu de changer, modifier ou altérer la contenance des chaudières, cuves et bacs, ou d'en établir de nouveaux, sans en avoir fait la déclaration par écrit, vingt-quatre heures d'avance. Cette déclaration contiendra la soumission du brasseur de ne faire usage desdits ustensiles qu'après que leur contenance aura été vérifiée conformément à l'article précédent.

Art. 119

Le feu ne pourra être allumé sous les chaudières, dans les brasseries, que pour la fabrication de la bière.

Art. 120

Tout brasseur sera tenu, chaque fois qu'il voudra mettre le feu sous ses chaudières, de déclarer, au moins quatre heures d'avance dans les villes, et douze heures dans les campagnes.

1° Le numéro et la contenance des chaudières qu'il voudra employer, et l'heure de la mise de feu sous chacune ;

2° Le nombre et la qualité des brassins qu'il devra fabriquer avec la même drèche ;

3° L'heure de l'entonnement de chaque brassin ;

4° Le moment où l'eau sera versée sur les marcs, pour fabriquer la petite bière sans ébullition, exempte du droit et celui où elle devra sortir de la brasserie.

Les brasseurs qui voudront faire, pour la fabrication du vinaigre, un ou plusieurs brassins par infusion, déclareront en outre la contenance de la cuve dans laquelle toutes les trempes devront être réunies pour fermenter.

Le préposé qui aura reçu une déclaration en remettra une ampliation, signée de lui au brasseur, lequel sera tenu de la représenter à toute réquisition des employés pendant la durée de la fabrication.

Pour pouvoir pratiquer les coupages sous les yeux du personnel de l'administration des contributions indirectes, il suffit d'adresser à la direction ou à la sous-direction par laquelle on est exercé la lettre suivante :

Monsieur le Directeur des Contributions Indirectes à....

Monsieur,

J'ai l'intention d'adopter le système BOURGEAUD de fermentation spéciale avec aération des moûts en cuve guilloire.

Mes déclarations de mise de feu porteront les heures d'ouverture des robinets de décharge des chaudières.

Les bières seront représentées séparément pendant un intervalle de trois heures et demie après la mise en levain.

J'ajouterai trois heures et demie après la mise en levain qui se fera aussitôt l'arrivée complète des moûts dans les guilloires, tant d'hectolitres d'eau froide.

Veuillez agréer, etc...

Cette lettre est en conformité avec la circulaire suivante de M. DECHAUD, Administrateur des Contributions Indirectes qui confirme les conclusions du jugement précité du 10 Mars 1883 du Tribunal correctionnel de la Seine.

Monsieur le Directeur,

Par une pétition que vous avez transmise, Monsieur X......, Brasseur à

demande que la mise en cuves guilloires soit considérée chez lui, comme la dernière phase de la fabrication, c'est-à-dire en d'autres termes, qu'il désire être admis à déclarer l'heure à laquelle cette opération s'effectuerait, aux lieu et place de celle de l'entonnement prescrite par l'article 120 de la loi du 28 Avril 1816.

D'après les renseignements que vous avez fournis, ce pétitionnaire emploie un procédé spécial de fermentation basse. On introduit à la sortie des bacs, les moûts dans les cuves guilloires où ils sont mis immédiatement en levain. On laisse agir ce dernier en repos pendant trois heures environ, puis passé ce délai, on insufle dans la masse à l'aide d'une pompe centrifuge, un vif jet d'air filtré et pur, et à la suite de cette opération qui durerait cinq heures environ, les moûts sont mis en tonneaux où s'achève la fermentation.

Ce procédé, en résumé, qui est la fermentation basse activée par une oxygénation énergique, constituerait au dire des spécialistes un véritable progrès.

Il aurait déjà été admis dans nombre de brasseries de l'étranger.

Rien dans la législation n'oblige les brasseurs à suivre un procédé de fabrication déterminé ; ces industriels sont libres d'adopter celui qui leur paraît le plus avantageux. En d'autres termes, les agents surveillent la fabrication, mais ne la dirigent pas.

Or, vous faites ressortir que le service ne pourrait, à aucun autre moment que celui de la mise en cuves guilloires constater le volume des bières, puisque l'insufflation de l'air dans le liquide a pour effet d'augmenter son volume de celui de toutes les bulles qui y restent interposées, même à la fin de l'opération.

Dans ces conditions, l'Administration ne saurait dans l'intérêt du service comme dans celui d'un progrès à réaliser, refuser à M. X......, l'autorisation qu'il sollicite.

Mais comme conséquence de cette concession essentiellement révocable en cas d'abus il est bien entendu :

1° Que le brasseur indiquera, dans ces déclarations de mise de feu les heures d'ouverture des robinets de décharge des chaudières ;

2° Que les bières devront être représentées séparément pendant un intervalle de trois heures au minimum après la mise en levain ;

3° Que nonosblant les vérifications opérées aux cuves guilloires, le service conservera la faculté de surveiller jour et nuit les opérations ultérieures jusqu'au moment de la mise en tonneaux ; toute addition de liquide sucré tendant à augmenter le volume des bières régulièrement fabriquées devant, le cas échéant, être constatée, comme une infraction à l'article 120 précité

Veuillez, je vous prie, notifier cette décision à l'intéressé et au service chargé d'en assurer l'exécution.

Recevez, etc...

L'Administrateur,

Signé : DECHAUD.

L'article 120 de la loi du 28 Avril 1816 impose aux brasseurs l'obligation de déclarer l'heure de l'entonnement et d'après l'article 111 les employés sont autorisés à vérifier le produit de la fabrication de chaque brassin à l'entonnement.

La bière, d'après l'ancien système, est entonnée au moment où la fermentation se produit ; le guillage se complète dans les tonneaux.

Dans le système de fermentation par le bas suivi par des Alsaciens et adopté par d'autres brasseurs, la bière demeure dans la cuve guilloire jusqu'à ce que l'effet du ferment qu'on y ajoute se trouve entièrement épuisé, et parfois la mise en tonneaux n'a lieu qu'après un intervalle de deux ou trois jours..

L'administration a consenti en faveur des brasseurs qui appliquent le procédé de fermentation par le bas, à considérer le dépôt de la bière dans les cuves guilloires comme formant la dernière opération de la fabrication, sous condition que les brasseurs déclareront au lieu de l'heure de l'entonnement proprement dit, l'heure où la bière est amenée dans les cuves de fermentation, et que pendant un intervalle d'une heure au moins à partir de la réunion dans les cuves guilloires, le produit de chaque brassin y sera maintenu intégralement et distinctement, qu'il ne pourra y avoir dans cet intervalle ni mélange avec des bières anciennes, ni soustractions et décharges, et que pendant ce temps les vérifications des employés entraîneront l'application des dispositions de l'article 111 de la loi de 1816 pour la

...ise en charge des excédents de plus de dix pour cent à la contenance nette des chaudières, la saisie des excédents à la contenance brute etc.

Ces mesures ont pour objet de permettre aux employés de constater dans les cuves de fermentation la quantité réelle provenant de chaque brassin.

Si par exception, les bières, au lieu d'être mises aux bacs, étaient amenées directement des chaudières de décoction dans les cuves guilloires et si le produit de chaque brassin ne pouvait ainsi être reconnu que dans les cuves l'intervalle à déterminer pour les vérifications serait porté au moins à deux heures.

Les employés doivent se tenir en garde contre la fraude consistant à opérer des allongements de brassins dans les chaudières et aux bacs. Des employés intelligents parviennent à se faire une juste idée de l'accroissement de volume résultant de la présence du houblon comme aussi des effets de la dilatation à tel ou tel autre degré de chaleur. Quand il y a doute sur la question de savoir s'il y a un excédent imposable, on peut prolonger la visite jusqu'à la mise en cuve. Lettre de l'Adm. au directeur de Bordeaux du 3 Août 61.

Le brasseur dans la chaudière duquel les employés ont trouvé une quantité de bière supérieure à celle qu'il a déclarée, ne peut être excusé sous prétexte que l'excédent provient d'ancienne bière ajoutée au brassin, suivant un usage dont il aurait précédemment averti le service.

Le brasseur poursuivi pour avoir été trouvé possesseur d'un excédent de fabrication de bière, par suite d'un procès-verbal régulier constatant cette contravention, ne peut utilement alléguer que le déchet accordé aux brasseurs sur leur fabrication, n'aurait pas été déduit de la quantité effective du liquide lors de la constatation de l'excédent.

L'article 111 de la loi du 28 Avril 1816 a été, dans quelques directions, diversement compris en ce qui concerne le calcul des droits sur les excédents. Les doutes se rapportaient particulièrement au deuxième paragraphe, qui prévoit le cas où les quantités de bière reconnues dépasseraient de plus de 10 p. % la contenance brute des chaudières de fabrication, soit, pour exemple, une chaudière de 100 hectolitres.

Des directeurs ont pensé qu'il y avait lieu d'imposer, indépendamment de l'excédent constaté, un deuxième brassin de 80 hectolitres ; d'autres ont même cru que le premier brassin devait, en outre, être pris en charge pour 100 hectolitres, c'est-à-dire que l'excédent à la contenance nette devait être soumis intégralement à l'impôt ; plusieurs, enfin ont été d'avis qu'il fallait simplement frapper de la taxe deux brassins de 80 hectolitres chacun.

Cette dernière opinion a paru seule fondée : d'une part, en effet, conformément aux termes mêmes de la loi, l'excédent est supposé faire partie d'un deuxième brassin qui aurait été fabriqué en fraude, et il ne doit donc pas être imposé indépendamment des deux brassins. D'un autre côté rien n'autorise à compter pour ceux-ci la contenance brute de la chaudière. En l'absence d'une disposition expresse, le droit doit être établi d'après la contenance nette, suivant la prescription générale contenue en l'article 110 de la loi précitée. C. n° 377 du 19 Mars 1848.

Bien que l'interprétation du troisième paragraphe de l'article 111 ne paraisse pas soulever de difficultés, le Conseil d'Administration a jugé utile de délibérer sur la question générale de savoir comment devait être fait le réglement des quantités passibles du droit de fabrication lorsque des excédents sont constatés à la contenance nette ou à la contenance brute de la chaudière de fabrication. Il a, en conséquence, adopté les solutions suivantes.

1° Si la quantité totale, effectivement reconnue, est supérieure à la contenance nette, mais ne la dépasse point de plus d'un dixième de cette contenance, le droit de fabrication n'est exigible que sur la contenance nette ;

2° Quand la quantité totale dépasse de plus d'un dixième la contenance nette, sans être néanmoins supérieure à la contenance brute, cette quantité doit être intégralement soumise au droit de fabrication ;

3° Si la quantité totale est supérieure à la contenance brute, sans toutefois la dépasser de plus d'un dixième, la quantité qui forme excédent à cette contenance doit être saisie par un procès-verbal donnant lieu à la confiscation de la quantité saisie et à l'amende ;

4° Enfin, si l'excédent à la contenance brute est de plus d'un dixième de cette contenance, il suppose la fabrication d'un deuxième brassin non déclaré, lequel, indépendamment de l'amende, de la saisie et de la confiscation de l'excédent, est passible du droit de fabrication, droit qui, pour chacun des deux brassins, doit être évalué d'après la contenance nette de la chaudière.

Aussi longtemps qu'il n'y a pas contre le brasseur, et, par suite du procès-verbal, jugement ayant l'autorité de la chose jugée, la régie a le pouvoir de transiger sur la taxe applicable au deuxième brassin, conformément aux principes posés pour des cas entièrement analogues, dans la circulaire n° 50 du 12 Décembre 1826, et dans des décisions du Conseil d'Administration des 10 Juin 1818, n° 534, 25 Novembre 1818, n° 575 et 21 Mai 1826, rendues pour l'exécution des articles 67 et 68 de la loi du 28 Avril 1816. Toutefois, il ne peut pas être fait abandon du droit sur l'excédent reconnu. Après jugement de condamnation non attaqué par appel ou pourvoi, ou après confirmation, le droit, étant irrévocablement acquis au Trésor, ne peut plus être abandonné ni réduit.

Dans le but de faciliter l'exécution de ces dispositions, l'Administration a fait imprimer un tableau indiquant les quantités de bière passibles du droit de fabrication dans les différents cas prévus par l'article 111 de la loi du 28 Avril 1816.

Julien BOURGEAUD — LILLE

TABLEAU indiquant pour une chaudière de 100 hectolitres, les quantités de bière passibles du droit de fabrication dans les différents cas prévus par l'article 111 de la loi du 28 Avril 1816 (C n° 377 du 19 Mars 1848.

QUANTITÉS reconnues dans les bacs et cuves ou à l'entonnement	QUANTITÉS PASSIBLES du droit de fabrication		TOTAL	OBSERVATIONS
	d'après la déclaration de mise de feu art. 110 de la loi du 28 Avril 1816	pour excédent soit à la contenance nette soit à la contenance brute		
hectolitre	hectolitre	hectolitre	hectolitre	
De 88 et au-dessous	80.00	.. ..	80.00	
De 88 à 100 inclus soit 100	80.00	20.00	100.00	Pas de saisie; l'excédent 20h. à la contenance nette, simplement imposable.
De 100 à 110 inclus soit 110	80.00	30.00	110.00	Saisie de l'excédent (10 h.) à la contenance brute : en cas de main-levée, prise en charge de 30 h. (indépendamment du brassin); dans le cas contraire, prise en charge de 20 hectolitres et prélèvement du droit pour les 10 h. restant sur le montant de la transaction.
De 110 à 160 soit 130	80.00	80.00	160.00	Saisie de l'excédent (30 h.) à la contenance brute : en cas de main-levée, prise en charge de 50 h. (indépendamment du brassin; dans le cas contraire, prise en charge de 20 h. (différence du brut au net (1).

(1) Avant tout jugement de condamnation ou avant jugement ou arrêt confirmatif, sur appel ou sur pourvoi en cassation, il peut être fait par transaction, abandon ou remise du droit pour la différence entre la quantité reconnue (130 hect.) et la quantité de 160 hect. représentant le net des deux brassins passibles de l'impôt : le droit, réglé dans ces limites, doit toujours être prélevé, à titre de droit fraudé sur la somme totale dont la transaction stipule et constate le paiement.

Après jugement de condamnation non attaqué par appel ou pourvoi, ou après confirmation, le droit étant alors irrévocablement acquis au trésor, ne peut plus être abandonné ni réduit, et il doit en conséquence être établi sur 80 hect. indépendamment des 80 hect. pris en charge, d'après la déclaration de mise de feu.

En cas de doute sur la réalité des excédents imposables, constatés au bac ou à la cuve, on attend les résultats de l'entonnement, qui sont plus positifs.

Dans les vérifications au bac ou à la cuve, il y a plusieurs choses à observer. D'abord le déplacement du liquide par le houblon qui représente environ 5 p. %; ensuite le gonflement de la bière occasionné par la température. La proportion de la dilatation varie selon le degré de chaleur. Elle s'élève de 25 à 28 degrés à 1 p. %, de 37 à 39 degrés à 4 p. % et de 48 à 50 degrés à 8 %.

Ces proportions n'étant qu'approximatives, il vaut mieux attendre le résultat de l'entonnement. Le succès de la saisie en pareil cas d'pend d'ailleurs de la manière dont les faits sont constatés et racontés (TRESCAZE.

ART. 121

La mise de feu sous une chaudière supplémentaire pourra être autorisée, sans donner ouverture au paiement du droit de fabrication, pourvu qu'elle ne serve qu'à chauffer les eaux nécessaires à la confection de la bière et au lavage des ustensiles de la brasserie. Le feu sera éteint sous la chaudière supplémentaire, et elle sera vidée aussitôt que l'eau destinée à la dernière trempe en aura été retirée.

La prescription de la loi du 28 Avril 1816, d'après laquelle tout brasseur est obligé de faire une déclaration chaque fois qu'il veut mettre le feu sous ses chaudières, est applicable non seulement quand les chaudières sont soumises à l'action immédiate d'un foyer incandescent, mais aussi lorsque le calorique est produit et communiqué au moyen d'une machine à vapeur.

Mais il n'existe pas de contravention à la charge du brasseur qui a mis le feu sans déclaration sous le générateur de sa machine à vapeur, s'il établit, en fait, qu'au moment des constatations les robinets servant de communication avec les chaudières étaient fermés et les chaudières vides.

Déclaration de mise de feu permanente

Les brasseurs qui ont continuellement besoin d'eau bouillante n'ont qu'à faire une déclaration de mise de feu permanente.

Par contre ils sont tenus de permettre au service l'accès de leur brasserie en dehors des heures légales, c'est-à-dire tant de jour que de nuit.

La déclaration de mise de feu permanente doit être renouvelée tous les ans.

Art. 122

Les brasseurs sont autorisés à se servir de hausses mobiles, qui ne seront point comprises dans l'épalement, pourvu qu'elles n'aient pas plus qu'un décimètre (environ quatre pouces) de hauteur, qu'elles ne soient placées sur les chaudières qu'au moment de l'ébullition de la bière, et qu'on ne se serve point de mastic ou autres matières, pour les soutenir ou pour les élever.

Art. 123

Toutes constructions en charpente, maçonnerie ou autrement, qui seront fixées à demeure sur les chaudières, et qui s'étendront sur plus de moitié de leur contour, seront comprises dans l'épalement ; les brasseurs devront en conséquence les détruire, ou faire les dispositions convenables pour qu'elles puissent être épalées.

Art. 124

Toute brasserie en activité portera une enseigne sur laquelle sera inscrit le mot brasserie.

Les brasseurs de profession apposeront sur leurs tonneaux une marque particulière, dont une empreinte sera par eux déposée au bureau de la régie, au moment où ils feront la déclaration prescrite par l'article 117.

ART. 125

Les brasseurs seront soumis aux visites et vérifications des employés, et tenus de leur ouvrir à toute réquisition leurs maisons, brasseries, ateliers, magasins, caves et celliers, ainsi que de leur représenter les bières qu'ils auront en leur possession. Ces visites ne pourront avoir lieu dans les maisons non contiguës aux brasseries ou non enclavées dans la même enceinte.

Ils seront également tenus de faire sceller toute communication des brasseries avec les maisons voisines, autres que leur maison d'habitation.

Les visites et vérifications que les employés sont autorisés à faire pendant le jour seulement ne peuvent avoir lieu que dans les intervalles de temps ci-après déterminés, savoir :

Pendant les mois de Janvier, Février, Novembre et Décembre, depuis sept heures du matin jusqu'à six heures du soir ;

Pendant les mois de Mars, Avril, Septembre, et Octobre, depuis six heures du matin jusqu'à sept heures du soir.

Pendant les mois de Mai, Juin, Juillet et Août depuis cinq heures du matin jusqu'à huit heures du soir.

ART. 126

Les brasseurs pourront avoir un registre coté et paraphé

par le juge de paix, sur lequel les employés consigneront le résultat des actes inscrits à leurs portatifs.

ART. 127

Les brasseurs auront avec la régie des contributions indirectes, pour les droits constatés à leur charge, un compte ouvert qui sera réglé et soldé à la fin de chaque mois.

Les sommes dues pourront être payées en obligations dûment cautionnées, à trois, six ou neuf mois de terme, pourvu que chaque obligation soit au moins de 300 francs.

ART. 128

Les particuliers qui ne brassent que pour leur consommation, les collèges, maisons d'instructions et autres établissements publics, sont assujettis aux mêmes taxes que les brasseurs de profession, et tenus aux mêmes obligations excepté au paiement du prix de la licence.

Néanmoins les hôpitaux ne seront assujettis qu'à un droit proportionnel à la qualité de la bière qu'ils font fabriquer pour leur consommation intérieure : ce droit sera réglé par deux experts, dont l'un sera nommé par la régie et l'autre par les administrateurs des hôpitaux. En cas de discord, le tiers-arbitre sera nommé par le préfet.

ART. 129

Toute contravention aux dispositions du présent chapitre sera punie d'une amende de 200 à 600 francs.

Les bières trouvées en fraude et les chaudières qui ne seraient pas fixées à demeure et maçonnées seront en outre saisies et confisquées.

ART. 130

La régie pourra consentir, de gré à gré, avec les brasseurs de la ville de Paris et des villes au-dessus de 30.000 âmes, un abonnement général pour le montant du droit de fabrication dont ils seront présumés passibles. Cet abonnement sera discuté entre le directeur de la régie et les syndics qui seront nommés par les brasseurs ; il ne pourra être accordé pour 1816 qu'autant qu'il offrira un produit égal à celui d'une année moyenne, calculée d'après la quantité de bière fabriquée dans Paris durant dix années consécutives. Il ne sera définitif qu'après qu'il aura été approuvé par le ministre des finances sur le rapport du directeur général des contributions indirectes.

ART. 131

Dans le cas de l'abonnement autorisé par l'article précédent les syndics des brasseurs procéderont chaque trimestre en présence du préfet ou d'un membre du conseil municipal délégué par lui, à la répartition entre les brasseurs en proportion de l'importance du commerce de chacun, de la somme à imposer sur tous. Les rôles arrêtés par les syndics et rendus exécutoires par le préfet ou son délégué seront remis au directeur de la régie pour qu'il en fasse poursuivre le recouvrement.

35

ART. 132

Les brasseurs de Paris et des villes au-dessus de 30.000 âmes seront solidaires pour le paiement des sommes portées aux rôles. En conséquence, aucun nouveau brasseur ne pourra s'établir, s'il ne remplace un autre brasseur compris dans la répartition.

ART. 133

Pendant toute la durée de l'abonnement nul brasseur ne pourra accroître les moyens de fabrication soit en augmentant le nombre et la capacité des chaudières, soit de toute autre manière.

ART. 134

Les sommes portées aux rôles de répartition seront exigibles par douzièmes de mois en mois d'avance et par voie de contrainte. A défaut de paiement d'un terme échu les redevables dûment mis en demeure ou au cas de contravention à l'article précédent, le ministre des finances sur le rapport du directeur général des contributions indirectes sera autorisé à prononcer la révocation de l'abonnement et à faire remettre immédiatement en vigueur le mode de perception établi par la présente loi sans préjudice des poursuites à exercer pour raison des sommes exigibles.

ART. 135

Au moyen de l'abonnement autorisé par l'article

130, les brasseurs seront dispensés de la déclaration qu'ils sont tenus, par l'article 120 de la présente loi, de faire au bureau de la régie, avant chaque mise de feu ; mais, afin de fournir aux syndics les éléments de la répartition, et à la régie les moyens de discuter l'abonnement pour l'année suivante, les brasseurs inscriront, sur leur registre côté et paraphé, chaque mise de feu, au moment même où elle aura lieu. Les commis, lors de leurs visites, établiront sur leur registre portatif les produits de la fabrication d'après la contenance des chaudières et sous la déduction réglée par l'article 110, et s'assureront seulement par la vérification des quantités de bière existant dans les brasseries, qu'il n'a point été fait de brassin qui n'ait été inscrit sur le registre des fabricants.

Art. 136

L'abonnement ne pourra être consenti que pour une année. En cas de renouvellement, les brasseurs procèderont, au préalable, à la nomination d'un tiers des membres du syndicat. Les syndics qui devront être remplacés la première et la deuxième année seront désignés par le sort. Ils ne pourront, dans aucun cas, être réélus qu'après une année au moins d'intervalle.

Art. 137

Les bières fabriquées dans Paris, qui seraient expédiées hors du département de la Seine, seront soumises à la sortie dudit département, au droit de fabrication établi par l'article 107 de la présente loi, et auquel sont assujettis les brasseurs des départements circonvoisins. Il en sera de même des bières fabriquées dans des villes où l'abonnement avec les brasseurs aura été consenti, lorsqu'elles seront expédiées hors desdites villes.

On voit d'après ce qui précède que rien dans la Loi du 28 Avril 1816 n'a trait à l'emploi des glucoses en brasserie.

Le décret suivant du 18 Septembre 1880 ne parle que des glucoses expédiés sous acquit-à-caution mais ceux ayant acquitté les droits ne peuvent être employés dans les petites bières ni même dans les bières fortes, leur emploi n'ayant pas été réglementé.

Le brasseur qui ajoute un succédané quelconque du malt dans ses bières, même en cave, est répréhensible par le service.

Le brasseur a le droit d'avoir en cave tous les produits qu'il lui plait de détenir mais il doit s'abstenir de déclarer s'il en additionne ses bières.

GLUCOSES

Le droit sur les glucoses à l'état de sirop et à l'état concret avait été fixé à 2 francs par 100 kilogrammes par l'article 4 de la loi du 2 Juillet 1843 et l'article 22 de celle du 31 Mai 1846. La loi du 20 Décembre 1872 l'a élevée à 11 fr. les 100 kilos décimes compris ; il a été augmenté de 4 „ " sur le droit total par l'article 2 de la loi du 30 Décembre 1873 et porté à 11 fr. 44 centimes. La loi du 19 Juillet 1880 avait réduit le droit à 8 francs décimes compris. Il a été fixé à 10 francs y compris également les décimes par la loi du 29 Juillet 1884. Il est actuellement de 13 fr. 50 centimes par 100 kilos. Loi du 5 Août 1890).

DÉCRET DU 18 SEPTEMBRE 1880

Glucoses destinées à la Fabrication des Bières

Le Président de la République française,

Sur le rapport du ministre des Finances,

Vu l'article 23 de la loi du 19 Juillet 1880, ainsi conçu :

« Sont compris sous la dénomination de glucoses tous les produits saccharins non cristallisables, quels que soient leur degré de concentration et la matière première dont ils sont extraits. Ces produits sont assujettis aux droits fixés par la présente loi, à moins qu'ils ne soient exportés ou *employés dans la fabrication des bières*, auxquels cas ils *sont exonérés de tout impôt.*

« Toutefois, il n'est dérogé à l'article 8 de la loi du 1er mai 1822, page 5, en ce qui concerne l'application de la taxe sur la petite bière à un brassin auquel sont ajoutées des glucoses exemptes d'impôts, que si, à la température de 15 degrés centigrades avant fermentation, le moût de cette bière ne marque pas plus de 2°,5 au densimètre centésimal.

« Un règlement d'administration publique déterminera les autres conditions auxquelles est subordonnée la franchise pour les glucoses mises en œuvre dans les brasseries.

« Le deuxième paragraphe de l'article 22 de la loi du 31 mai 1346 est abrogé. »

Vu l'article 9 du décret loi des 6-22 Août 1791 et l'article 5 de l'ordonnance du 11 Juin 1816 ;

Le Conseil d'Etat entendu :

Décrète :

ART. 1er

Les brasseurs ne sont admis à jouir de la franchise des droits sur les glucoses destinées à la fabrication des bières qu'autant que, quinze jours au moins avant l'introduction d'une quantité quelconque de glucoses dans leurs usines, ils ont souscrit, par écrit, l'engagement de représenter des acquits-à-caution pour toutes les quantités de glucoses qu'ils auront reçues et de payer les doubles droits, tant sur les excédents que sur les manquants que ferait apparaître la balance du compte des glucoses.

L'administration a donné le modèle ci-après pour l'acte d'engagement :

Le   188   à   heure du

      M

                  Brasseur à

a déclaré vouloir user du bénéfice de la franchise accordée par l'article 23 de la loi du 19 Juillet 1880 et à cet effet, conformément aux prescriptions de l'article 1er du règlement du 18 Septembre de la même année, il s'engage, par la présente déclaration, à représenter des acquits-à-caution pour toutes les qualités de glucoses introduites dans son usine et à acquitter la double taxe sur les quantités de glucoses que son compte fera ressortir soit en excédent soit en manquant.

Le déclarant a signé et reçu copie,

Inscrit au portatif 58 f°

ART. 2.

Les glucoses introduites dans les brasseries doivent être représentées aux employés lors de leurs vérifications Elles sont prises en charge à un compte spécial, qui sera tenu par les employés de la régie.

Ce compte est successivement déchargé des quantités employées à la fabrication des bières. Toutefois, les glucoses ajoutées aux moûts de petite bière ne sont portées en décharge qu'après que les employés ont constaté que, par l'addition des glucoses, la densité originelle des moûts à la température de 15 degrés centigrades n'a pas été portée au delà de 2°,5 du densimètre centésimal.

Cette constatation a lieu, si les moûts n'ont encore subi aucune fermentation, au moyen du densimètre centésimal, et si déjà la fermentation s'est manifestée par la distillation opérée contradictoirement pour déterminer l'abaissement de la densité originelle.

Les employés peuvent arrêter la situation des restes et opérer la balance du compte aussi souvent qu'ils le jugent nécessaire.

ART. 3

Les glucoses introduites dans les brasseries ne jouiront de l'exemption d'impôt que si elles sont placées, au choix du brasseur, soit dans un magasin spécial, soit dans un ou plusieurs récipients préalablement déclarés pour cet usage.

L'administration peut exiger en outre que les récipients soient scellés du plomb de la régie et, s'il s'agit d'un magasin, que ce magasin n'ait qu'une seule porte, que cette porte soit fermée à deux serrures dont l'une des clefs sera remise aux employés, et que les fenêtres en soient condamnées intérieurement ; l'administration sera tenue dans ce cas de faire ouvrir les récipients des magasins dans les délais fixés à l'article 1.

ART. 4

Lorsque le brasseur veut employer des glucoses pour la fabrication d'un brassin, il doit en faire mention dans la déclaration prescrite par l'article 120 de la loi du 28 Avril 1816, (page 21).

La déclaration doit énoncer pour chaque brassin :

1° La quantité de glucose dont il doit être fait emploi ;

2° La date et l'heure à partir desquelles la glucose doit être ajoutée au moût de bière.

En l'absence des employés de la régie, la glucose ne peut être extraite du magasin ou des récipients et ajoutée aux moûts qu'une heure après l'heure fixée par la déclaration.

Si les employés se présentent dans ce délai, l'opération doit être immédiatement commencée pour se continuer sans désemparer.

Art. 5

Le brasseur peut ajouter à son choix la glucose au moût de bière, soit à la cuve-matière, soit dans la chaudière de fabrication, soit aux bacs, soit à la cuve-guilloire.

Cette opération ne peut avoir lieu que dans les intervalles de temps déterminés par l'article 26 de la loi du 28 Avril 1816.

Art. 6

Les brasseurs sont tenus de fournir les ouvriers, les balances et les poids nécessaires pour le pesage des glucoses, tant à l'arrivée que lors des exercices et des recensements.

Art. 7.

Le ministre des finances est chargé de l'exécution du présent décret, qui sera publié au *Journal Officiel* et inséré au *Bulletin des Lois.*

Fait à Paris, le 8 Septembre 1880

JULES GRÉVY

Par le Président de la République,

Le Ministre des Finances

J. MAGNIN

EXPORTATION DE BIÈRES

Le droit de fabrication sera restitué sur les bières qui seront expédiées à l'étranger ou pour les colonies françaises. Art. 4 de la loi du 23 Juillet 1820.

Considérant que l'article 4 de la loi du 23 Juillet 1820, n'autorise la restitution du droit de fabrication que sur les bières exportées à l'étranger ou pour les colonies françaises, l'Administration a décidé que les bières embarquées comme provisions de bord, n'ayant ni l'une ni l'autre de ces destinations, ne peuvent jouir de la faveur qui y est attachée. D. du cons. d'Adm. du 29 Déc. 1826.

La restitution des droits de fabrication à faire, en vertu de l'article 4 de la loi du 23 Juillet 1820, sur les bières dont l'exportation est justifiée, ne doit être effectuée qu'à l'époque de l'échéance et après l'entier acquittement des obligations souscrites par le brasseur qui a fait l'exportation. D. M. F. du 5 Déc. 1821.

Le brasseur qui voudra expédier des bières à l'étranger ou aux colonies françaises et qui sera dans l'intention de réclamer la restitution du droit de fabrication, devra se munir d'un acquit : et comme il n'y aura pas de droit à cautionner, mais seulement accomplissement de formalités entièrement dans l'intérêt de l'expéditeur, on retranchera du libellé de l'acquit-à-caution tout ce qui est relatif à la peine du sextuple droit, et on y inscrira cette clause, que le brasseur s'oblige, pour obtenir la restitution du droit de fabrication, à rapporter le certificat de décharge de l'acquit-à-caution et à fournir la preuve que les bières y mentionnées sont sorties. SAILLET & OLIBOT.

Julien BOURIGEAUD — LILLE.

Le brasseur devra appeler les employés de la régie pour être présents à la sortie des bières de la brasserie : ceux-ci s'assureront de la quantité et de la qualité de la bière, et reconnaîtront si elle n'a point été altérée par des mélanges. Si les employés ont la conviction que la bière destinée à l'exportation est la même que celle qui a été soumise au droit, ils en délivreront le certificat sur l'acquit-à-caution même, et au verso de cette expédition. Au moment de la sortie du territoire français, les bières seront encore vérifiées et reconnues ; le vu embarquer ou le vu à la sortie devra être apposé sur l'acquit-à-caution et il sera signé par les employés de la régie, ainsi que par ceux de la douane. Après l'accomplissement de ces formalités, si les employés de la régie ne conçoivent aucun soupçon de fraude, ils pourront sans difficultés, délivrer le certificat de décharge de l'acquit-à-caution. La proposition de restitution des droits, qui sera transmise à l'Administration, devra être accompagnée de **la demande du brasseur, des acquits-à-caution, des certificats de décharge** et de la quittance des droits payés, ou d'un certificat qui en tienne lieu ; ce dernier certificat devra faire connaître si les droits ont été payés en numéraire ou en obligations, et s'ils l'ont été en obligations, il faudra fournir la preuve que les obligations ont été acquittées. IBID.

On peut obtenir de l'Administration d'expédier les bières en fût, jusqu'au point de sortie, d'avoir là un compte ouvert et de les mettre en bouteilles avant l'exportation. La principale condition consiste dans l'envoi d'échantillons revêtus du cachet de la régie. Lettre de l'Adm. au Direct. de la Gironde du 25 mars 1861.

L'Administration permet aussi, dans certains cas, aux brasseurs d'alcooliser, dans leurs usines, sans payer le droit de consommation, les bières destinées à l'exportation. Elles sont alors placées dans un local distinct ; il est ouvert un compte d'ordre, et le cachet de la régie est apposé, au moment de la transvasion, sur des bouteilles qui doivent servir d'échantillons. Lettre de l'Adm. au Direct. de la Gironde du 2 Février 1866.

LABORATOIRE

DE

CHIMIE

GRATUITEMENT

à la disposition
de MM. les brasseurs
clients ou non clients
de ma maison

POUR L'ANALYSE QUANTITATIVE DES EAUX

Malts, Houblons et tous produits

dont la composition peut les intéresser

MON LABORATOIRE

est placé sous le HAUT CONTROLE

DE

LA STATION AGRONOMIQUE DU NORD

On lit dans le N° 318 de la *Gazette du Brasseur*, paru le 12 Novembre 1893, l'intéressant article suivant :

LA LÉGISLATION FRANÇAISE

sur la Brasserie

On se préoccupe beaucoup des déclarations que le gouvernement français sera certainement amené à faire aux Chambres, à l'occasion de la rentrée imminente du Parlement.

Dans le monde politique, on considère comme certain que le gouvernement se déclarera prêt à faire aboutir la réforme du régime des boissons qui, votée par la précédente Chambre et disjointe du budget par le Sénat, reste soumise aux délibérations de celui-ci.

Pour cette réforme, le gouvernement reprendrait et appuierait les idées que le ministre des finances, M. PEYTRAL, avait soutenues en dernier lieu, devant la commission sénatoriale.

Mais, en somme, on doit se demander encore ce que deviendra la législation de la brasserie dans cette réforme ?

On se rappelle le vœu formulé au dernier Congrès de Lyon.

L'assemblée a voté à l'unanimité le vœu suivant :

« Le Congrès des brasseurs français, réuni à Lyon, le 5 Octobre 1893.

« Considérant que l'affranchissement des boissons hygiéniques de tout impôt fiscal serait profitable pour le consommateur de bière, au double point de vue de la diminution du prix d'achat et de l'augmentation de la quantité du produit, par suite de la liberté du travail donnée à la fabrication;

« Considérant que cette mesure assurerait la prospérité de la brasserie ;

« Émet le vœu que la question de l'affranchissement des boissons hygiéniques soit remise à l'étude et votée par les pouvoirs publics, et, pour le cas où cette mesure ne pourrait aboutir de suite, émet le vœu en attendant que la loi fiscale abordée par l'administration des contributions indirectes, d'accord avec l'Union des syndicats de la brasserie, soit immédiatement acceptée par les Chambres et remplace dans le plus bref délai le régime actuel. »

Donc, d'après ce qui précède, ou bien la bière, dans la réforme des boissons, serait tout à fait dégrevée, ou bien une législation spéciale détachée de la grande réforme des boissons serait discutée à son intention.

Mais dans ce dernier cas, nous entrons dans une ère nouvelle et s'il faut en croire les échos qui arrivent de l'Administration, les choses ne marcheront plus si facilement qu'on pourrait le croire au premier abord.

Julien BOURIGEAUD — LILLE

L'article suivant, publié par *le Journal des contributions indirectes*, qui est quelque peu l'organe officieux de l'Administration, fait des réserves qui méritent d'être méditées ainsi que le fait déjà remarquer notre estimable confrère *Le Brasseur français*.

« Dans un congrès de la brasserie, tenu à Lyon, les 5 et 6 octobre courant, M. Delemer, président du Syndicat des brasseurs du Nord, a présenté un rapport qui contient des explications très claires, très intéressantes sur les dispositions tendant au remaniement de la législation des bières, qui avaient été élaborées par l'Administration, avec le concours des syndicats, et incorporées par elle au projet d'ensemble sur le régime des boissons.

« M. Delemer regrette que cette partie du projet ait sombré dans le naufrage de la réforme, et il émet le vœu que l'étude en soit immédiatement reprise par la Chambre nouvelle, sous la forme d'une proposition distincte.

« Nous sommes convaincu que tous les brasseurs qui ont le souci des progrès de leur industrie partageront les regrets et s'associeront au vœu de M. Delemer. De son côté l'Administration ne demanderait sans doute pas mieux que de leur prêter son concours, car elle est la première à reconnaître qu'en cette matière la législation de 1816 ne répond plus aux nécessités de la situation présente : non seulement cette législation gêne le brasseur dans ses opérations et l'excite à suivre des procédés irrationnels, mais encore elle ne met entre les mains du fisc que des armes peu efficaces et démodées.

« Malheureusement la question envisagée isolément ne se présente pas sous le même aspect que lorsqu'elle était liée au projet de réforme générale de l'impôt des boissons. On se trouve maintenant en présence d'une difficulté nouvelle concernant la tarification. Du moment que les bières sont seules en cause, du moment qu'il ne s'agit plus d'un dégrèvement de toutes les boissons dites hygiéniques, il ne saurait être question du tarif de fr. 0.35 par

« degré-hectolitre, voté par le Sénat au mois de Juin dernier,
« tarif qui constituait une très forte réduction de taxe. M. Delemer,
« d'ailleurs, s'en est parfaitement rendu compte. Il se borne à
« demander que l'Etat ne voit pas, dans le changement de tarifica-
« tion, une occasion de percevoir des sommes plus considérables.
« Le tarif, à ses yeux, doit être établi de manière à assurer simple-
« ment au Trésor un revenu égal à celui qu'il tire actuellement de
« l'impôt des bières.

« C'est là un point de vue qui pourrait donner matière à dis-
« cussion. **Les brasseurs admettent que le système projeté**
« **procurerait à leur industrie des avantages considérables ;**
« **il serait tout naturel que, de son côté, l'Etat y cherchât le**
« **moyen de récupérer les sommes importantes qui lui échap-**
« **pent aujourd'hui par les dédoublements** ; il n'y aurait là rien
« qui ne fût parfaitement juste et rationnel.

« Laissons cependant cette discussion de côté et plaçons-nous
« sur le terrain indiqué par M. Delemer. La question n'en sera pas
« pour cela complétement résolue. Alors même qu'on ne se préoc-
« cuperait point de faire rentrer dans les caisses de l'Etat les som-
« mes qui en sont aujourd'hui frauduleusement détournées, le
« tarif, pour garantir simplement le revenu actuel, ne saurait être
« fixé à moins de **fr. 0.50 à fr. 0 60 par degré-hectolitre.** Or
« il est permis de se demander si, avec ce tarif, on n'a pas à
« craindre des abus qui ne risquaient pas de se produire avec un
« impôt plus faible.

« Dans le système projeté, le brasseur dispose librement de ses
« bières aussitôt après le moment fixé pour la vérification de la
« densité des moûts. Qu'il les coupe ensuite avec de l'eau, le fisc n'a
« rien à y perdre puisque, si le volume augmente, le nombre de
« degrés-hectolitres ne change pas. **Mais il n'en serait plus de**
« **même si, au lieu de faire ce coupage avec de l'eau pure, le**
« **brasseur employait une solution de glucose,** ou bien si, préa-
« lablement à ce coupage, il relevait, par une addition de glucose, la
« densité de ses moûts. Dans ce cas, le Trésor serait lésé ; c'est ce
« qu'il est facile de démontrer. En effet, pour élever de 1° la densité
« d'un hectolitre de moût, il faut, en moyenne, 3 kilos de glucose,

« Or, le droit sur les glucoses n'est que de 13 fr. 50 par 100 kilos,
« ce qui, pour 3 kilos, représente 40 centimes et demi. **Avec un**
« **tarif sur les bières de fr. 0.55 par exemple, le coupage des**
« **brassins avec de l'eau glucosée causerait donc au Trésor**
« **un préjudice de près de fr. 0.15 par degré-hectolitre.**

« On objectera peut-être que ce danger n'est pas à craindre,
« parce que, pour le brasseur, le bénéfice réalisé sur l'impôt serait,
« en partie, absorbé par l'écart qui existe entre le prix de revient du
« malt et celui du glucose. L'objection serait peut-être fondée si le
« droit de fabrication était seul en cause ; mais il ne faut pas oublier
« que, dans la plupart des villes, les bières sont soumises à la taxe
« de l'octroi dont le tarif excède généralement celui qui est perçu
« pour le compte du Trésor C'est là un côté de la question qui nous
« paraît avoir été un peu négligé dans les dernières discussions et
« sur lequel nous croyons utile d'appeler tout spécialement l'atten-
« tion de ceux qui poursuivent, avec une louable persévérance, la
« réforme d'une législation défectueuse à tous égards.

« A moins de se contenter **D'UNE RÉFORME BOITEUSE,**
« impuissante à produire tous les heureux effets que l'on se croit
« en droit d'en attendre, il nous paraît indispensable d'asseoir la
« perception des taxes locales sur les mêmes bases que celle du droit
« de fabrication. Nous n'y voyons, à première vue, aucune impos-
« sibilité ; mais la réalisation de cette mesure rendrait bien plus
« tangible le danger que nous signalions tout à l'heure. Il est clair
« que si, à un droit de fr. 0.55 pour le Trésor, venait s'ajouter une
« taxe d'octroi de fr. 0.50, fr. 0.60 ou même davantage ; en d'autres
« termes, si le degré-hectolitre se trouvait taxé, tant pour l'octroi
« que pour le Trésor, à 1 franc, fr. 1.10 ou fr. 1.20 fr. 3.50 au
« moins à Paris, **le dédoublement des moûts avec une dilu-**
« **tion de glucose constituerait une opération des plus lucra-**
« **tives.** Ajoutons qu'il se pratiquerait impunément, puisque le
« régime projeté assure toute liberté au brasseur, après la recon-
« naissance de la densité.

« Il y aurait, à la vérité, un moyen de remédier à ce danger :
« ce serait de prohiber d'une manière absolue, et sous des peines
« très sévères, l'emploi des glucoses dans la fabrication des bières,

« La mesure paraîtra peut-être quelque peu radicale; il n'en est pas
« moins vrai que, dans les circonstances actuelles, c'est le seul moyen
« d'arriver à la réalisation de la réforme préconisée par M. Delemer,
« et l'on devrait, à notre avis, hésiter d'autant moins à y recourir
« que l'emploi des glucoses en remplacement du malt, outre qu'il
« sert à frauder le fisc, peut être considéré, au point de vue
« commercial, comme une véritable falsification *(Journal des contri-*
« *butions indirectes).*

Cet article, en mettant au jour une difficulté administra-
tive soulevée par l'emploi des glucoses, montre déjà combien nous étions fondé à faire prévoir les ennuis que le projet
patronné par l'Union des Syndicats entraînerait nécessairement dans la pratique, à cause du principe que ce projet
admet de ne prendre pour la base de la taxe que la densité
du moût, SANS TENIR COMPTE DU POIDS DE LA
FARINE.

Dans son plaidoyer présenté au Congrès de Lyon, en faveur
du projet de législation admis par l'Union des Syndicats, l'hono-
rable M. Delemer a cru devoir insister spécialement sur ce
point, en prétendant que ce projet était identique à la loi belge,
bien qu'il n'exigeât pas la mention du poids de farine. Rappe-
lons ce passage :

« Notre projet est conforme à la loi belge dans ses grandes lignes;
on peut même dire qu'il n'en diffère que par l'aspect. Je tiens,
Messieurs, à bien établir cela pour répondre à tous ceux qui
nous feraient le reproche de nous lancer dans l'inconnu. Nous
avons au contraire pour modèle une loi ingénieuse qui a puissam-
ment aidé au développement de la brasserie en Belgique. Nous avons
réclamé le témoignage de nos collègues les plus importants de
Bruxelles, Anvers, Namur, Verviers à l'égard de cette loi. Ce
témoignage est péremptoire et nous savons que les informations
prises par l'administration française sur le même objet lui ont également donné pleine satisfaction.

« J'ai dit que la loi belge reposait comme notre projet sur la
densité, je vous dois à cet égard une explication.

Julien BOURIGEAUD — LILLE

« Lorsque cette loi fut édictée, on pensa bien faire en laissant subsister dans certains articles comme un souvenir de l'ancien régime afin de la rendre plus accessible à tous.

« C'est ainsi que l'on décida qu'au lieu de déclarer la richesse du moût à produire, on continuerait à déclarer la quantité de grain.

« Mais cette quantité de grain, une fois déclarée, peut être légèrement modifiée, tandis que l'on ne peut en réalité produire qu'une quantité de richesse densimétrique déterminée.

« C'est donc bien l'impôt à la densité, puisque c'est la densité qui est prise en charge... »

Ce raisonnement est logique et paraît inattaquable ; la conclusion en est cependant inexacte.

La nouvelle législation française imposerait la densité du moût sans aucune mention ou contrôle du poids des farines : c'est bien la perception de l'impôt d'après le volume-densité.

Dans l'impôt belge, au contraire, la perception sur le poids de la farine est bien le *mode de perception* et la constatation de la densité n'est qu'un *contrôle*.

Il n'y a là qu'une nuance, si vous voulez, mais une nuance essentielle, qui a une grande importance dans la pratique et qui est encore accentuée dans la législation anglaise, en ce sens que là, les deux modes d'imposition existent conjointement : au poids avec limite de rendement légal, ou bien au volume-densité du moût ; — et le brasseur, avant le brassin, peut choisir l'un *ou* l'autre, mais non pas l'un *et* l'autre mode de perception, ce qui démontre bien leur différence essentielle.

Et généralement, le brasseur anglais choisit le premier, parce que ce double contrôle écarte mieux les soupçons de fraude, sans mesure vexatoire.

C'est également ce qui a été hautement attesté au dernier congrès des brasseurs belges à Namur.

D'abord par M. Van Velsen, secrétaire de l'Association générale des brasseurs, qui dit, dans son remarquable rapport sur les dispositions de la loi de 1885 :

« Hâtons nous de dire, *ne fût-ce que pour l'édification des con-* « *frères d'une grande nation voisine*, que nous ne nous plaignons « pas du principe de notre législation de 1885.

« Celle-ci a eu le double côté avantageux de ne pas nous doter « *de l'exercice* et de nous permettre d'enrayer toute augmentation « d'importation des bières étrangères. »

Ensuite par M. P. Grosfils, président de la même Association, dont voici la déclaration :

M. GROSFILS. — M. Mertens demande à ce que la déclaration ne mentionne plus que le versement et l'heure du commencement du brassin.

M. MERTENS-ERIX. — Oui, c'est tout ce qui est nécessaire.

M. GROSFILS. — Je reprends la parole parce qu'il a été question plus d'une fois de demander la suppression de la *déclaration de versement*. Cela paraît évidemment logique, puisqu'en somme la loi de 1885 ne frappe que le résultat du brassin.

Eh bien, cette suppression de la déclaration de versement, *je ne vois pas qu'elle soit fort avantageuse.*

La déclaration du versement permet au contrôle de s'exercer pendant une plus longue période ; il constitue une garantie fiscale qui rend plus aisée la surveillance et, par conséquent, dispense l'Administration de recourir à des mesures plus sévères et *plus vexatoires* que celles qu'elle a prescrites sans nuire, pour cela, à l'efficacité du contrôle.

Ainsi la loi française qui est en discussion au Sénat frappera uniquement le rendement.

Je crois que c'est là une erreur et qu'on pourrait arriver par ce moyen à favoriser la fraude sur une grande échelle ; l'Administration, pour obvier à ce danger, prendrait certainement des mesures vexatoires inutiles dans notre système.

Nous soulignons ce dernier passage et nous le recommandons à l'attention de nos lecteurs français, alors qu'il en est temps encore, alors que des assemblées comme celles de Lundi prochain peuvent discuter et délibérer avant que l'Administration et les législateurs ne prennent une décision définitive.

Si l'on demande une réforme, il faut que cette réforme fasse réellement un pas vers ce double idéal du brasseur : la liberté de fabrication et, subsidiairement, le dégrèvement de l'impôt.

Si les projets proposés ne peuvent nous les donner, rejetons-les et demandons la suppression pure et simple de tout impôt sur la fabrication des bières, avec une patente unique, qui, sans grever sensiblement l'hectolitre de bière, servirait d'élément pondérateur et restrictif pour arrêter la multiplication effrénée des petits établissements et fournirait à l'Etat la juste part des charges communes que l'industrie de la brasserie n'a jamais songé à refuser.

A. Frentz.

PROPOSITION DE LOI

relative au régime des bières

Présentée par MM. PLICHON, LE GAVRIAN, DESJARDINS, HENRY

COCHIN, LEMIRE, BASLY, LAMENDIN, LOYER, députés.

—————

Messieurs,

Pendant le cours de la dernière législature, la réforme du régime des boissons a été, durant de longs mois, à l'ordre du jour, et a donné lieu aux discussions les plus longues, mais en même temps les plus intéressantes.

Votée une première fois par la Chambre, la réforme des boissons fut adoptée, après modifications par le Sénat, et fut rapportée enfin à la Chambre des Députés, au mois de Juillet dernier, comme faisant partie de la loi budgétaire, pour l'année 1894.

Vous vous souvenez qu'à ce moment, la Chambre prononça la disjonction de la réforme des boissons d'avec le budget, ce qui rendait le projet caduc.

En même temps que tombaient ainsi les espérances, longtemps entretenues, de voir modifier le régime fiscal de nos vins, disparaissait un projet de réforme de la loi sur la bière, qui élaboré, d'accord, par les intéressés et les pouvoirs publics, donnait transitoirement satisfaction à l'industrie de la bière, en attendant, ce qui est réclamé depuis si longtemps et ce que nous réclamons encore, le dégrèvement total des boissons hygiéniques.

C'était une conséquence du vote de la disjonction qui enterrait, d'un même coup, toutes les dispositions relatives aux boissons, mais c'était une conséquence funeste pour la brasserie, et en même temps bien malheureuse, car le projet de loi sur les

Julien BOURIGEAUD — LILLE

bières destiné à remplacer une loi surannée dont tout le monde souffre ne devait soulever aucune de ces discussions qui ont tant passionné les Chambres autour de cette grosse affaire des boissons.

Comprenant l'importance de la question, le Gouvernement voulait bien prendre, aussitôt après le vote de la disjonction l'engagement de reprendre le projet de réforme sur les bières (2ᵉ séance du Mercredi 12 Juillet 1893, *Journal officiel*, page 2165). C'est cet engagement, dont nous avons pris acte, et auquel j'en suis convaincu, tous tiendront à faire honneur, en adoptant la proposition que nous vous présentons.

Pour éviter toute nouvelle discussion, et pour gagner un temps précieux, nous reprenons le projet, qui, une fois déjà voté par la Chambre des Députés, fut adopté par le Sénat et présenté à la Chambre le 1ᵉʳ Juillet 1893.

En le faisant, nous sommes l'interprète de la grande industrie de la brasserie qui, le 6 Octobre, au Congrès de la brasserie tenu à Lyon, et à la suite d'un rapport remarquable présenté par M. Delemer, brasseur à Lille, et président du Syndicat des brasseurs de la Région du Nord, émettait un vœu en faveur de l'affranchissement total de la bière et des autres boisson hygiéniques, et, en attendant cette exonération, demandait l'application immédiate de la nouvelle loi, sous cette réserve que le droit fiscal imposé n'entraînerait aucune nouvelle augmentation d'impôt.

Il est nécessaire de nous arrêter un instant sur ce côté de la question.

Pour l'instant, et transitoirement, ce que la brasserie réclame, ce n'est pas un dégrèvement, c'est une péréquation d'impôt.

Avec le chiffre de 0 fr. 35 au degré-hectolitre, le produit de l'impôt s'élèverait à 19.600.000 francs, si l'on se base, au point de vue de la matière imposable, sur les calculs très précis établis par M. Delemer, et indiquant le chiffre de 56.000.000

comme étant celui du nombre de degrés-hectolitres (c'est-à-dire d'hectolitres supposés à un degré de densité) actuellement imposable et se décomposant comme suit :

« Les quantités de bières relevées par le fisc, dit M. Delemer, s'élèvent à 9 millions d'hectolitres, qui se subdivisent à peu près de la façon suivante :

« Dans l'Est, le Centre et le Midi, les environs de Paris, et en général dans toute la France, excepté la région du Nord, les bières sont des bières de luxe, de haute qualité. Leur densité dépasse presque toujours 5 degrés, et atteint très rarement 6 degrés.

	Degrés-Hectolitres.
« La quantité produite dans ces conditions est à peu près de 2 millions d'hectolitres, soit 2.000.000 d'hectolitres × 5 degrés 3/10. . . .	11.000.000
« Dans la région du Nord, il se fabrique une certaine quantité de bières bourgeoises, qu'on peut évaluer à 1 million d'hectolitres, et qui ont une densité de 5 degrés, soit 1.000.000 d'hectolitres × 5 degrés.	5.000.000
« Dans la même région, le reste de la fabrication, soit 6 millions d'hectolitres, se compose de bières destinées à être dédoublées, et produisant une quantité de 10 millions d'hectolitres à 4°.	40.000.000
Total........	56.000.000

En prenant pour produit moyen de l'impôt le chiffre de 23.000.000, il semblerait donc qu'il y aurait de ce chef un dégrèvement de 3.400.000 francs, mais ce dégrèvement est fictif.

En effet, M. Delemer admet que les bières bourgeoises du Nord ne sont pas dédoublées et donnent 1 million d'hectolitres à 5 degrés, soit 5.000.000 degrés-hectolitres. Or, il est vrai que ces bières d'un degré souvent plus élevé donnent presque toujours lieu à des coupages, qui en doublent le volume, soit 10.000.000 de degrés-hectolitres ou 5.000.000 de plus.

En outre, M. Delemer n'a pas tenu compte de la situation de la brasserie parisienne. **Dans Paris, on déclare 22.000 hectolitres, mais on peut estimer la fabrication à environ 700.000 soit 678.000 à ajouter.**

Prenons un minimum, et n'ajoutons de ce chef que 500.000 hectolitres à 4 degrés, cela donne 2.000.000 de degrés-hectolitres.

Soit 7.000.000 de degrés-hectolitres à ajouter à 56.000.000 formant un total de 63.000.000 qui, à 0 fr. 35, produisent 22.050.000 francs.

D'ailleurs, il convient de se reporter à ce qui s'est produit en Belgique lors de l'application de la loi de 1885, qui taxait les bières à la densité des moûts. La consommation, et, partant, la production, augmentèrent si rapidement que je tire de ce précédent un argument, non seulement pour dire qu'il n'y aura pas dégrèvement, mais encore pour demander à la loyauté de la régie une diminution d'autant sur la taxe, si, au bout de deux années d'expérience, le nouveau système apporte au Trésor des produits supérieurs à ceux que donnait l'ancien, nou_ engageant, nous-mêmes à accepter une augmentation si, dans le même laps de temps, nos prévisions ne se réalisaient pas.

Ceci étant entendu, nous reprenons purement et simplement, le projet voté par le Sénat, nous bornant seulement à deux légères modifications de forme, acceptées, d'ailleurs, par le Gouvernement, et à une adjonction qui ne sera combattue par personne, lorsqu'elle aura été expliquée.

A l'article 4 (ancien article 38 du rapport de M. Salis, n° 2897), nous ajouterons après les mots «vaisseaux assimilés», cette phrase « ou autres appareils ».

Le but que nous poursuivons ici est que la brasserie ne puisse jamais être emprisonnée dans les termes trop étroits d'une réglementation qui, interprétée par des esprits rigoristes (que nous sommes heureux de ne pas connaitre en ce moment, mais qu'on peut toujours prévoir), pourrait empêcher cet industrie de suivre les lois du progrès, de se développer et de se transformer selon les découvertes que la science pourrait lui apporter.

C'est dans ce but que nous demandons à l'article 4 l'adjonction des mots « ou autres appareils » et à l'article 11, n°2 la suppression des mots « des établissements ».

L'administration avait, d'ailleurs, accepté ces légères modifications.

La troisième modification que nous apportons au texte présenté par M. Salis consiste en ceci, que nous reprenons le 2e paragraphe de l'article 18 du projet voté par le Sénat, que M. Salis proposait de supprimer. Ce paragraphe est ainsi conçu :

« Est également abrogée la disposition de l'article 23 de la loi du 19 Juillet 1880, concernant l'emploi des glucoses en franchise dans les boissons. »

En ce moment, les glucoses employées en brasserie sont déchargées de tout droit, et c'est justice ; car, la bière étant taxée au volume et non à la densité, la glucose, si elle payait un droit comme sucre, serait 2 fois frappée : 1° à cause du sucre qu'elle renferme, et 2° sous la forme de la bière, dont elle a été la matière première.

Avec la nouvelle disposition, tout est changé. En effet, si les glucoses sont ajoutées à la bière avant le titrage des moûts par les employés de la Régie, il est bien évident qu'elles doivent être déchargées des droits comme sucre, attendu que, de même que sous l'empire de la loi de 1816, elles payeraient 2 fois ; mais étant donné que, une fois le titrage des moûts opéré, le brasseur est absolument libre de faire de sa bière ce qu'il veut, il s'ensuit que les glucoses qui seraient introd tes dans la bière en ce moment ne payeraient aucun droit comme bière, et doivent en toute équité alors en payer un comme sucre.

Sinon, il se produirait ce fait que, pour relever la densité des moûts, on pourrait les additionner de glucoses indemnes de droits, après le titrage officiel, et un pareil procédé serait fatalement suivi par la brasserie peut-être entière, ceux qui ne l'emploieraient pas se trouvant nécessairement dans une situation d'infériorité notable vis-à-vis de leurs concurrents.

Ce serait, en somme, une prime à l'emploi des glucoses, au détriment du grain.

Nous sommes loin de vouloir proscrire les glucoses, nous ne prétendons pas davantage les favoriser. Ce que nous voulons, c'est leur laisser la situation qu'ils occupent aujourd'hui.

C'est pourquoi nous proposons de compléter l'article 14 ancien 48 de la manière suivante :

« Est également abrogée la disposition de l'article 23 de la loi du 19 Juillet 1880 concernant l'emploi des glucoses en franchise dans les brasseries.

« Les degrés-hectolitres produits avec la glucose seront indemnes de droit ; un décret d'administration publique déterminera les conditions d'emploi des glucoses, comme de leur emmagasinement dans les brasseries, pour vérifier la concordance entre les entrées et les déclarations d'emploi. »

En terminant, Messieurs, je ne puis mieux faire que de faire passer sous vos yeux la conclusion du rapport de M. Delemer au congrès de la brasserie française à Lyon, rapport à la suite duquel fut voté l'ordre du jour que je citais au début de cet exposé :

« Pour conclure que demandons-nous ?

« La liberté dans la fabrication la plus grande possible, l'encouragement de la fabrication progressive, l'égalité devant l'impôt pour tous les assujettis.

« Voilà pourquoi nous avons condamné la loi de 1816. Elle gêne le brasseur dans ses opérations ; elle l'encourage à des procédés antirationnels ; elle ne peut percevoir l'impôt d'une façon équitable.

« La loi projetée obvie à ces fautes capitales. Sous un régime analogue, nous voyons la brasserie belge prendre une admirable extension.

« Sans doute, l'affranchissement de tout impôt vaut mieux encore ; et nous commencerons par user de toute notre influence auprès de nos députés pour que l'étude de ce projet soit immédiatement reprise par la Chambre nouvelle.

« Mais si nous ne pouvons obtenir cette émancipation complète, nous devons réclamer de suite la réforme de notre régime fiscal.

« Voici ce que nous pourrions dire aux pouvoirs publics :

« Notre accord avec la Régie a fait surgir un projet de loi qui fera progresser la brasserie, au plus grand avantage du consommateur.

« Ce consommateur, c'est dans la région du Nord, où se fabrique la plus grande partie de la bière française, le peuple, l'ouvrier des villes et des campagnes, qui n'a pas d'autre boisson hygiénique.

« La brasserie est également intéressante par son industrie même, qui consomme une partie des récoltes rémunératrices du sol indigène, et dont les sous-produits retournent à la ferme pour la nourriture du bétail.

« C'est une industrie qui, par de récents efforts, est arrivée à combattre avec avantage une concurrence du dehors très redoutable.

« Elle doit être aidée pour continuer victorieusement cette lutte.

« Le gouvernement veut-il l'aider ? S'il ne peut l'affranchir de tout impôt, veut-il lui donner une loi progressive ?

« Sans doute, le gouvernement répond qu'il le veut. Mais pour le vouloir réellement, il faut qu'il commence par déclarer qu'il n'entend pas profiter de la loi nouvelle pour percevoir, immédiatement du moins, plus d'impôt.

« Il ne doit pas s'appuyer sur ce raisonnement : que le fisc doit récupérer l'impôt qui lui échappait par les dédoublements.

« Les dédoublements sont un malheur, ils ne sont pas une fraude.

« La faute en est au maintien trop prolongé de la loi de 1816, ce dont le gouvernement a en grande partie la responsabilité.

« Ce n'est pas une fraude qu'un procédé que les tribunaux en s'appuyant sur le texte même de la loi, n'ont pu condamner.

« Le profit que procure ce procédé est-il resté aux mains de quelques industriels, alors que dans la région du Nord il est pratiqué par la généralité ? Evidemment, la concurrence excessive entre collègues l'a fait rentrer dans le domaine courant du prix de revient, et c'est depuis longtemps le consommateur qui en bénéficie.

« Dès lors on ne peut plus le reprendre à la brasserie.

« Si le gouvernement avait cette exigence, au lieu de voir s'associer à lui notre corporation pour mener à bien une œuvre utile à tous, il ferait naître une opposition qui paralyserait ses efforts.

« Si l'on veut bien accepter comme base la rentrée de l'impôt du dernier exercice, et prendre, pour commencer, un taux modéré, rectifiable après la première année, l'on aura l'adhésion générale, et l'on atteindra le but »

C'est sous le bénéfice de ces observations, Messieurs, que nous avons l'honneur de vous soumettre la proposition de loi suivante :

PROPOSITION DE LOI

Art. 1er — Le droit de fabrication sur les bières tel qu'il est établi par la législation en vigueur est supprimé. Il est remplacé par un droit, en principal et décimes, de 35 centimes par degré-hectolitre de moût, c'est-à-dire par hectolitre de moût et par degré du densimètre au dessus de cent (densité de l'eau) reconnu à la température de quinze degrés centigrades ; les fractions au-dessous d'un dixième de degré sont négligées.

ART. 2. — Il ne peut être fait usage, pour la fabrication de la bière, que de chaudières de 8 hectolitres et au-dessus. Il est défendu de se servir de chaudières non fixées à demeure.

ART. 3. — Les brasseurs sont soumis, tant de jour que de nuit, même en cas d'inactivité de leurs établissements, aux visites et vérifications des employés, et tenus de leur ouvrir, à toute réquisition, leurs maisons, brasseries, ateliers, magasins, caves et celliers.

Toutefois, les agents ne peuvent, lorsque les usines ne sont pas en activité pénétrer pendant la nuit chez les brasseurs qui ont fait apposer des scellées sur tous les récipients servant à la saccharification ou à la cuisson des moûts.

Les appareils ne peuvent être descellés qu'en présence des employés de la Régie et qu'après que le brasseur a fait une déclaration de fabrication.

Les scellés peuvent cependant être enlevés par le brasseur, en l'absence des employés, dans les conditions que déterminera le décret prévu par l'article 11.

ART. 4. — Chaque fois qu'il voudra se livrer à la fabrication de la bière, tout brasseur est tenu de déclarer, dans les délais qui seront fixés par le décret précité :

1° Les numéros des cuves-matières et vaisseaux assimilés, ou autres appareils dans lesquels la saccharification doit être opérée, ainsi que l'heure du versement des matières premières dans ces vaisseaux ;

2° Le numéro et la contenance de chacune des chaudières à cuire et à houblonner qu'il veut employer ;

3° Le nombre de degrés-hectolitres qu'il entend produire, sans que ce nombre puisse être inférieur à deux fois et demie le total des chaudières ou appareils à houblonner déclarés pour le brassin ;

4° L'heure du commencement et celle de la fin de la rentrée définitive de toutes les trempes dans les chaudières à houblonner ;

Julien BOURGEAUD — LILLE

5° L'heure du commencement et celle de la fin du déchargement de chacune de ces chaudières.

Le préposé qui a reçu une déclaration en remet une ampliation au brasseur, lequel est tenu de la représenter à toute réquisition des employés pendant la durée de la fabrication.

ART. 5. — Si le nombre total de degrés-hectolitres applicables à l'ensemble des chaudières ou appareils à houblonner déclarés pour le brassin dépasse le dixième de la quantité, conformément à l'article précédent, l'excédent est soumis en totalité :

1° Au double du droit fixé par l'article 1er de la présente loi s'il est compris entre 10 et 15 0 0 de la quantité déclarée ;

2° Au droit de 4 francs par degré-hectolitre au-dessus de 15 et jusqu'à 20 % inclusivement de la même quantité.

Un excédent de 20 % à la quantité déclarée suppose une déclaration frauduleuse ; dans ce cas, la totalité des quantités reconnue est imposable au droit de 4 francs par degré-hectolitre.

ART. 6. — A l'exception des excédents de trempes qui font l'objet du règlement d'administration publique prévu par l'article 11 ci-après toute quantité de moût trouvée en dehors des chaudières à houblonner après l'heure déclarée pour la fin de la rentrée définitive des trempes dans ces chaudières est considérée comme ayant été frauduleusement soustraite à la prise en charge, et soumise au droit de 4 francs, par degré-hectolitre, sans préjudice de l'amende édictée par l'article 13.

ART. 7. — Les particuliers qui ne brassent que pour leur consommation, les collèges, maisons d'instruction et autres établissements publics sont assujettis aux mêmes taxes que les brasseurs de profession et tenus aux mêmes obligations.

Toutefois, les particuliers et établissements spécifiés ci-dessus qui n'emploient que des chaudières d'une capacité inférieure à 8 hectolitres sont dispensés du payement de la licence, et des obligations imposées par l'article 2 de la présente loi.

ART. 8. — Le droit de fabrication est restitué sur les bières expédiées à l'étranger ou pour les colonies françaises.

Ce droit est calculé par degré-hectolitre, d'après le tarif fixé par l'article premier de la présente loi, en remontant à la densité originelle des moûts de bières exportées.

ART. 9. — Les contestations relatives à la densité des moûts, et, en cas d'exportation, à la densité originelle des bières exportées, sont déférées aux commissaires experts institués par l'article 19 de la loi du 27 Juillet 1822.

ART. 10 — Aucune quantité de mélasse ne peut être introduite dans une brasserie ou dans des locaux enclavés dans la même enceinte.

ART. 11. — Un décret déterminera les obligations complémentaires et de détail, ainsi que les déclarations auxquelles sont tenus les brasseurs ; il fixera notamment :

1° Le mode de payement des droits ;

2° Les conditions d'agencement et d'installation des chaudières à cuire et à houblonner ;

3° Les dispositions à prendre pour déterminer le volume et la densité des moûts ;

4° Les prescriptions à remplir par les brasseurs pour être exempt des visites de nuit et pour obtenir la restitution du droit de fabrication sur les matières exportées.

ART. 12. — Les actes réguliers inscrits au portatif des bières tenu par les employés des contributions indirectes sont valables même lorsqu'ils ne sont signés que par un seul agent.

ART. 13. — L'emploi d'appareils clandestins, soit pour la saccharification, soit pour la cuisson des moûts, l'existence de tuyaux ou conduites dissimulés et non déclarés, sont punis d'une amende de 3.000 à 10.000 francs.

En cas de récidive, l'amende est portée au double ; l'usine est, en outre, fermée pendant une période variant de six mois à un an.

Les autres infractions aux dispositions de la présente loi et du décret rendu pour son exécution sont punies d'une amende de 1000 francs, sans préjudice du payement des droits fraudés.

L'article 463 du Code pénal n'est applicable qu'aux dispositions du paragraphe précédent.

ART. 14. — Les articles 107 et 110 à 137 de la loi du 28 avril 1816, 4 de la loi du 23 Juillet 1820, 8 de la loi du 1er Mai 1822, 23 du décret du 17 Mars 1852, 4 de la loi du 1er Septembre 1871, et le premier paragraphe de l'article 4 de la loi du 2 Août 1872, sont abrogés.

Est également abrogée la disposition de l'article 23 de la loi du 19 Juillet 1880 concernant l'emploi des glucoses en franchise dans les brasseries.

Les degrés-hectolitres produits avec la glucose seront indemnes de droits: un décret d'administration publique déterminera les conditions d'emploi des glucoses, comme de leur emmagasinement dans les brasseries pour vérifier la concordance entre les entrées et les déclarations d'emploi.

LE DEGRÉ-HECTOLITRE

Tous les brasseurs savent que le densimètre officiel représente une balance avec ses poids.

Ainsi quand on dit qu'un moût accuse 1010, 1020, 1030, 1040 au densimètre cela veut dire qu'un litre de ce moût mis sur une balance pèserait 1010 grammes, 1020 grammes, 1030 grammes, 1040 grammes et que un hectolitre de ce moût pèserait 101, 102, 103, 104 kilogr.

Dans la pratique on dit 1 degré ou 2 degrés ou 3 degrés ou 4 degrés densimétriques au lieu de 1010, 1020, 1030, 1040.

Donc un hectolitre à 1° densimétrique pèse 101 kilos, un hectolitre à 2° densimétriques pèse 102 kilos.

Un degré-hectolitre c'est un hectolitre accusant 1° au densimètre.

Si on verse dans un hectolitre vide 2 kilos 600 de sucre de grain sec que l'on complète l'hectolitre avec de l'eau. Après avoir dissous le sucre dans l'eau, on constatera que l'hectolitre pèsera 101 kilos et accusera 1° au densimètre.

Si vous employez pour un brassin 1000 kilos de malt et que vous obteniez 50 hectolitres de moût accusant 5° au densimètre vous aurez obtenu 50 hectolitres ayant 5 fois 1° ou 50 × 5 = 250 degrés-hectolitres.

1000 kilos de ce malt donnent 250 degrés-hectolitres et

100 kilos de ce malt donnent 25 degrés-hectolitres.

Pour obtenir 1° au densimètre nous venons de voir qu'il faut 2 kilos 600 grammes de sucre de malt ; pour obtenir 5° au densimètre il faut donc 5 fois 2 kilos 600 grammes ou 5 × 2.6 = 13 kilos de sucre de malt.

Les 50 hectolitres contiennent 50 fois 13 kilos de sucre de malt ou 50 × 13 = 650 kilos de sucre de malt.

Si 1000 kilos de malt ont donné 650 kilos de sucre de malt 100 kilos de malt ont donné 65 kilos de sucre ou d'extrait de malt, autrement dit le rendement de malt est de 65 pour cent.

Dans ces 65 kilos d'extrait combien de fois existe-t-il 2 kilos 600 d'extrait ou de degrés-hectolitres ? $\frac{65}{2.6} = 25$.

Le malt donne par quintal 25 degrés-hectolitres ou 25 × 2.6 = 65 0/0 de rendement.

Le droit d'octroi sur les bières à Paris

La République française et le Brasseur français ont publié dernièrement sous ce titre « La Brasserie et l'Octroi », un article dont nous détachons le passage suivant :

A Paris, la bière doit payer à l'octroi une redevance de *quinze francs par hectolitre !*

Aucune bière — même celles de l'Est, qui valent de vingt-cinq à trente francs, et qui, tout en jouissant de plus en plus de la faveur du public, seront écrasées par une taxe qui s'élève à plus de 50 %, de leur valeur marchande —

Julien BOURICKAUD — LILLE

aucune bière française, disons nous, ne peut résister à un droit d'octroi aussi rigoureusement prohibitif.

Mais la barrière de l'octroi est surtout infranchissable pour les excellentes bières de la banlieue de Paris, du Nord et d'ailleurs, qui ne se vendent que de douze à vingt francs l'hectolitre, et ne peuvent, par conséquent, acquitter à l'entrée une taxe de 100 % au moins de leur valeur.

Comment une bière qui ne se paie, prise chez le brasseur, que trois sous le litre, pourrait-elle entrer couramment à Paris en payant à l'octroi une taxe égale de trois sous par litre ?

Le consommateur parisien, qui n'a pas assez de protestations contre les 18 francs par hectolitre, ou les 18 centimes par litre, que l'octroi lui fait payer pour son vin, lequel est, en général, d'une valeur marchande bien supérieure à celle de la bière courante, de la bière bourgeoise, de la bière de ménage, n'est-il pas encore plus fondé à protester contre le droit qui, à son grave détriment, frappe une boisson vers laquelle il se tourne de plus en plus ?

Ici se présente une question que, pour des raisons particulières, nous voudrions bien esquiver, mais que nous sommes bien forcé d'aborder.

On nous objectera peut-être que la bière fabriquée à Paris est livrée aux débitants et aux épiciers au prix net de 12 et 13 fr. l'hectolitre.

Nous le savons mieux que personne.

Mais à cette objection, en apparence victorieuse, nous répondrons simplement :

« Comment les brasseurs parisiens peuvent-ils livrer au prix de 12 ou 13 fr. l'hectolitre une bière sur laquelle ils doivent payer — et sont censés payer — un droit total de 17.50 par hectolitre ? »

Ils ont, en effet, à verser à l'Etat 2 fr. 50 pour le droit moyen de fabrication, et à la ville de Paris 15 fr. pour la taxe d'octroi.

De sorte que non seulement ils donnent leur marchandise *pour rien*, mais qu'encore ils y mettent de leur poche, et par pure philanthropie, environ 4 fr. 50, pour parfaire les droits dus à l'Etat et à la Ville.

Nous avons peut-être l'air, pour les non initiés, de nous livrer à une mauvaise plaisanterie, et, cependant, nous n'avons jamais été plus sérieux.

Comment expliquer ce phénomène en apparence si bizarre ? Notre tâche devient de plus en plus malaisée. Il faut pourtant, tout en l'atténuant, dire la vérité.

Il y a, à Paris, dix-neuf brasseries, dont quelques-unes peuvent compter, pour la quantité de leurs produits, parmi les plus importantes de France.

Or, ces dix-neuf brasseries réunies ne déclarent pas à l'octroi plus de trente mille hectolitres par an, alors que le plus petit brasseur ne pourrait, qu'on nous passe le mot, boire de l'eau, si, au prix où se vend la petite bière de Paris, il ne fabriquait au moins quinze à vingt mille hectolitres, même en ne payant aucun droit.

En fabriquât-il cent, deux cent et même trois cent mille, qu'il ne pourrait quand même livrer à douze et treize francs ce sur quoi il doit payer une taxe de dix-sept francs cinquante.

L'octroi est-il donc aveugle ?

Eh ! non ; il ferme simplement les yeux.

Il ferme les yeux, et la preuve, c'est qu'un des fonctionnaires de cette administration nous disait un jour, en souriant :

— J'ignore comment les brasseurs de Paris peuvent s'en tirer ; mais je sais combien ils dépensent de charbon, et cette dépense surpasse certainement le produit de la vente de leur bière.

Restons sur ce mot si nettement suggestif.

Et maintenant, demandons-nous quel intérêt peut avoir l'octroi a défendre un droit dont l'énormité est telle qu'il renonce à le percevoir.

Il le perçoit sur la bière qui *entre* à Paris, parce que celle-ci ne peut se soustraire à la perception ; mais par une injustice que rien ne saurait expliquer, il y renonce — en très grande partie au moins — au profit d'une catégorie de favorisés.

Il *entre* annuellement à Paris environ 260.000 hectolitres de bière ; il s'y en boit plus de 600.000 hectolitres.

Or l'octroi ne perçoit sa taxe que sur moins de 300.000 hectolitres.

Il perd donc au moins 300.000 × 15 = 4.500.000 francs.

A quoi lui sert, par conséquent, le maintien d'une taxe dont il ne retire même pas la moitié des bénéfices ?

Il y a dans ces observations une large part de vérité. Nous avons déjà eu, nous aussi, l'occasion d'exprimer la même manière de voir sur la tarification des bières à l'octroi, dans un article intitulé : « Les fraudes dans les brasseries de Paris » qui a paru dans notre numéro du 26 juillet 1891, nous avons signalé les inconvénients d'un tarif exagéré qui constitue une incitation à la fraude, et qui, n'étant perçu que sur une partie de la production intérieure, tandis qu'il est acquitté par la totalité des bières introduites du dehors, s'est transformé en un véritable droit de douane servant à protéger la brasserie parisienne contre la concurrence des brasseurs de province *Journal des Contributions Indirectes*, 13 Janvier 1894.

LA BIÈRE DU NORD A PARIS

A la suite des articles qui précèdent, le Conseil Municipal de Paris discuta la question des bières le 30 Décembre 1893, et décida que l'Octroi laisserait indemnes les bières ne dépassant pas 2° 9 d'alcool. C'est là un immense service rendu à la Brasserie par la plume autorisée de M. Robert CHARLIE.

Les bières du Nord accusant 10° Balling avant fermentation auront donc libre accès dans la ville de Paris dès que le Conseil d'Etat aura approuvé la délibération de la municipalité parisienne.

Il est probable que l'on reconstituera par l'analyse des bières terminées leur densité originelle.

Je me tiens à la disposition de MM. les brasseurs pour faire l'analyse de leur bière afin de leur faire connaître si le degré-alcoolique de ces bières ne dépasse pas la teneur en alcool exigée pour l'entrée en franchise dans la capitale.

Julien BOURIGEAUD.

TABLE ALPHABÉTIQUE DES MATIÈRES

www.ingramcontent.com/pod-product-compliance
Lightning Source LLC
Chambersburg PA
CBHW071253200326
41521CB00009B/1744